企业日常管理系列丛书

大客户销售常见问题清单

邓孜青
编著

地震出版社
Seismological Press

图书在版编目（CIP）数据

大客户销售常见问题清单 / 邓孜青编著 . -- 北京 : 地震出版社 , 2021.8
（企业日常管理系列丛书 / 陈明星主编）
ISBN 978-7-5028-5231-3

Ⅰ . ①大… Ⅱ . ①邓… Ⅲ . ①企业管理—销售管理 Ⅳ . ① F274

中国版本图书馆 CIP 数据核字 (2021) 第 092908 号

地震版 XM4563/F（6087）

大客户销售常见问题清单

邓孜青 编著
特约编辑：段会敏 张灵芝
责任编辑：王亚明
责任校对：凌 樱

出版发行：地 震 出 版 社
北京市海淀区民族大学南路 9 号　　邮编：100081
发行部：68423031　68467991　　传真：88421706
总编室：68462709　68423029
证券图书事业部：68426052
http：//seismologicalpress. com
E-mail：zqbj68426052@ 163. com
经销：全国各地新华书店
印刷：北京柯蓝博泰印务有限公司

版（印）次：2021 年 8 月第 1 版　2021 年 8 月第 1 次印刷
开本：710 × 960　1/16
字数：189 千字
印张：12
书号：ISBN 978-7-5028-5231-3
定价：42.00 元

编辑委员会

主编：陈明星

编委：邓之梅　刘中洋　俞　挺　曾贤锋
许　强　朱慧俐　郭汉尧　陈志权
陈竹妹　邱志洋　沈　杰　邱翠萍
杜　猛　杨莎莎　徐小花　颜　阳
余棉红　邓孜青

前　言

PREFACE

常言道："不想当将军的士兵不是好士兵！"每个人都应该有自己的职业追求，将自己锻炼成为一名出色的职场精英。有了目标，工作起来才有劲头，才会让自己获得长足的发展。

工作就是在解决问题，解决问题的水平体现了一个人工作能力的高与低。如何在日常工作中，通过解决每个实际问题而不断提升自己的工作能力，是每个人晋升和自身发展亟待解决的问题！为此，我们特别编写了"企业日常管理系列丛书"。

该丛书包括：《财务工作常见问题清单》《采购管理常见问题清单》《仓储管理常见问题清单》《新产品运营管理常见问题清单》《供应链管理常见问题清单》《行政工作常见问题清单》《绩效管理常见问题清单》《客户服务常见问题清单》《企业资本运营常见问题清单》《人力资源工作常见问题清单》《商品配送管理常见问题清单》《生产管理常见问题清单》《物流服务常见问题清单》《销售团队管理常见问题清单》《促销管理常见问题清单》《项目运营常见问题清单》《国际贸易管理常见问题清单》《大客户销售常见问题清单》共18本，对日常工作常见问题和容易忽略的细节问题进行了梳理，并在整体上架构了不同职位人士的日常工作模型，让每一项工作一目了然，细节无遗漏，工作不失误。读者可以根据自己所需即查即用，轻松解决工作问题。

本丛书有如下特点。

第一，能帮助读者重新梳理自己的工作问题，让工作脉络更加清晰。

第二，能帮助读者加深对每项工作的理解，书中既有针对工作问题的规范性操作，也有经验性的总结，两者的完美结合会对工作问题的解决起到了事半功倍的作用。

第三，每项工作都设有工作场景描述，读者可以根据工作需要，即查即用，避免了在漫天的文字中间寻找答案，非常实用、方便。

第四，能帮助读者养成总结工作经验的习惯。

第五，引导读者形成“问题导向”的工作意识，从此进入自我提升的快车道。

本丛书认真选取了当下企业中的热点职位及重点部门，从日常工作的实际问题出发，针对每个工作问题进行了思路拓展性解读与分析，给出了经验性的总结阐述，可改善从业者的当前工作局面，为从业者搭建起提升工作能力的可靠阶梯，也为相关专业工作人员全面提升业务水平提供了可借鉴的方法。

大客户是每个企业都非常珍视的发展资源。一个企业约80%的盈利来自大客户，所以大客户销售关乎企业的发展。如何做好大客户销售工作呢？与大客户打交道的能力与水平是衡量大客户销售人员销售能力的重要指标，在每次与大客户的沟通中发现大客户的需求，把话说到位，知道谈话时的攻守进退，每次沟通时火候拿捏得宜等，都是服务大客户的基本功。对细节的把握是每个大客户销售人员需要留心学习的。

本书倡导“大客户销售工作清单式管理”，全面梳理大客户销售工作中的常见问题，嵌入“问题导向”的思维意识，重新梳理每一项大客户销售工作，采用操作指导与工作经验提示相结合的阐述方式，悉数大客户销售工作的关键点。

这是一本介绍大客户销售管理工作“问题导向”思维方法的书。读者朋友可以对照大客户销售工作中的常见问题，即查即用。

本丛书在编写过程中，得到了相关从业者及工作伙伴的大力支持和配合，在此一并表示感谢！

目　录

CONTENTS

第3章 大客户谈判常见问题

第4章 大客户维护常见问题

第1章

大客户销售团队组建与管理常见问题

大客户销售团队是大客户销售的实施实体。它的组成、管理以及激励问题将直接影响企业的销售业绩以及最终利润。越来越多的企业认识到是团队的力量，而不仅仅是个人的魅力决定了企业的销售状况。一个优秀的大客户销售团队不仅能够保质保量地完成企业的销售计划，而且其和谐的团队文化能够使得每一个成员愿意为团队、为企业奉献自己的力量，并在工作中实现自身价值。

1.1　如何确定何时建立大客户管理制度

工作场景描述

当企业对是否建立大客户管理制度不明确时，可查看。

解读与分析

大客户对企业的重要性毋庸置疑，但是这并不意味着企业一定要建立专门的制度对其加以特别关注。建立专门的大客户管理制度并不意味着企业的利润就会因此增加。因此，建立大客户管理制度的时机就显得非常重要，一般在下述情况下企业才需要建立大客户管理制度。

1. 行业内竞争激烈

并不是每一家企业都需要建立大客户管理制度，因为制度的建立是需要成本的，是一项投资。企业在做任何投资时都要考虑收益问题。因此，当企业所在行业是垄断的或竞争不激烈时，就没有必要建立大客户管理制度，而应将企业资源集中在其他更需要改进的地方。

2. 企业的利润明显来自一小部分客户

大客户特指那些为企业创造了大部分利润的一小部分客户。大客户管理制度的建立是为了更好地为这一小部分客户服务，使得它们成为忠诚客户，进而提升企业的利润。如果企业的利润不具备这样的特点，或是这样的特点没那么显著，那么企业就没必要引入这样的管理机制。

3. 企业的重要客户广泛分布于子部门之中

大客户涉及的内部部门的数量也是是否需要建立专门的管理制度对其加以管理的重要指标。如果大客户涉及的部门或子公司非常少，那么在对大客户进行销售的时候，并不需要企业内的各个职能部门相互合作，协调也容易得多。这个时候，建立大客户管理制度就显得不够明智，因为建立了大客户管理制度并不能使企业与大客户间的沟通有明显改善。

4. 企业现有管理结构明晰

企业现有管理结构是进行大客户管理的基础，是建立大客户管理制度的前提条件。只有企业现有管理结构明晰，才能为改革提供一个良好的环境，否则，制度方面的改革只能使得企业的管理更加混乱和不可控。

5. 企业的决策层对大客户管理给予足够重视

任何一项改革都应受到决策层的充分重视，否则改革就无法深入、彻底地贯彻下去。因为，在改革过程中必然会触动一些成员的短期利益，只有最高决策者对改革能够带来的长远利益有充分的了解，才能保证改革顺利进行。

6. 企业的所有员工都认识到了大客户的重要性

企业员工的认知水平会对管理制度的改革产生显著的影响。因此，在实施改革前，应对企业员工进行充分的宣传和教育，让他们从根本上了解大客户对企业的重要性。这样做不仅有利于大客户管理制度的建立，而且对制度形成后为大客户提供更好的服务有帮助。

总之，企业应充分认识大客户的重要性，根据自身情况在恰当的时候建立大客户管理制度，形成一套切实可行的管理办法，在此基础上与大客户积极开展业务合作，建立良好的伙伴关系，为企业的组织目标服务。

关键点提示

一般在下述情况下企业才需要建立大客户管理制度：

1.行业内竞争激烈；2.企业的利润明显来自一小部分客户；3.企业的重要客户广泛分布于子部门之中；4.企业现有管理结构明晰；5.企业的决策层对大客户管理给予足够重视；6.企业的所有员工都认识到了大客户的重要性。

1.2　如何招募大客户销售人员

工作场景描述

当企业要招募大客户销售人员时，可查看。

解读与分析

大客户销售人员的招募是企业建立大客户管理制度时一个比较重要的环节。找到合适的销售人员可为以后的销售活动打下坚实的基础。在进行大客户销售人员招募时，企业可以从以下方面着手。

1. 掌握大客户销售人员的招募范围

一项研究表明，大客户销售人员的业绩是与受教育程度有关的。表1–1显示了这一关系。

表 1–1

受教育程度	业绩优秀 / 人	业绩恶劣 / 人	测试人数 / 人	优秀比例（%）
高中学历以下	5	20	25	20
高中学历	30	50	80	38
大专学历	45	15	60	75
本科学历	85	15	100	85
研究生学历	15	20	35	43

总体来说，大客户销售人员的招募可以分为内部招募和外部招募两种。

（1）内部招募。所谓内部招募，就是从企业内部现有人员中招聘大客户销售人员，招募范围是企业所有员工。这种方式的优点是企业对应聘者比较了解，同时应聘者对企业的情况也比较熟悉，这便于今后工作的开展；另一个优点是招募成本比较低。但是内部招募如果处理不当，容易引起纠纷，所以招募时一定要有一个相对稳定的标准，避免招募主持人徇私舞弊。

（2）外部招募。外部招募是面向社会招聘大客户销售人员，应聘者的身份和经历更加复杂。这种方式的优点是企业可以从外部获得很多新鲜的理念，有利于推动企业不断发展。

进行外部招募的途径很多，主要包括如下几种。

①从大中专院校中招募。这是招收应届毕业生的主要途径。应届毕业生的优点是对专业基础知识掌握牢固，对工作充满信心；缺点是缺乏工作经验。

②人才交流会。各地每年都会组织开展一些大型的人才交流会。企业可以租用交流会上的一个展位，以便应聘者前来咨询、应聘。这一方式的特点是时间短，见效快。

③业务接触。企业在开展各项业务的过程中，会接触到客户、供应商及其他各类人员，这些人员都可能是大客户销售人员的合适人选。

④其他途径。其他外部招募途径包括职业介绍所、猎头公司、各种媒体广告以及行业协会等。

2. 掌握招募步骤

（1）确定需求人数。企业的具体情况不同，其所要管理的大客户数量及其分布也不同，因此需要的大客户销售人员的数量具有差异，不能一概而论。在进行实际招募之前，企业首先要确定需要招聘的大客户销售人员的数量。

（2）确定招募日程。在确定了招募人数之后，企业应开始着手确定招募日程。在确定招募日程时，企业应注意招募的时效性，也就是招募的准时或及时程度，因为当招募出现延误情况时，必然会出现一些不良后果。确定招募日程时，企业还应注意以下几点。

①大致确定现有人员中晋升与退休人员的人数与时间。

②估计现有人员中免职及辞职人员的人数与时间。

③拟订长期人力资源计划。

④根据以往经验，分析申请人数与合格人数之间的比例关系，以便及时调整招募日程。

（3）确定对大客户销售人员的素质要求。

3. 开展招募活动

在实际招募过程中，企业应注意以下问题。

①招募工作是销售工作的一部分。应聘者不仅仅要了解工作机会，还要了解企业的观念、目标、成果以及未来的发展机会。

②企业应使应聘者感受到积极的企业文化，使得他们都有为企业努力工作的动力。

③坚持宁缺毋滥的原则。招聘过程中出现的情况很难预料，企业要自始至终坚持招聘标准。

④招募时少说多问。最好把工作性质和企业基本情况介绍完后就开始询问对方的感觉并观察对方的反应，以便更多地了解应聘者的意向。

大客户销售人员是企业与大客户沟通的桥梁，在大客户销售工作中具有举足轻重的作用，企业在确定这一职位的合适人选时应该慎之又慎。

关键点提示

招聘大客户销售人员时企业可以从以下三方面着手：

1.掌握大客户销售人员的招募范围；2.掌握招募步骤；3.开展招募活动。

1.3 如何对大客户销售人员进行培训

工作场景描述

当企业要对大客户销售人员进行培训时，可查看。

解读与分析

对大客户销售人员进行培训可使他们熟悉企业的产品等基本情况，快速熟悉相关业务工作，最终增加企业利润。对大客户销售人员进行培训的步骤如下。

1. 确定培训的内容

企业对大客户销售人员的培训内容进行设计时应注重以下方面。

（1）对企业整体情况的了解。培训的首要任务是使刚刚上任的大客户销售人员对企业的整体情况有一个全面了解，这包括企业的历史和成就，以及本企业在所属行业中的地位等。

（2）对产品的介绍。大客户销售人员应该充分了解企业产品的各项特征，以便在销售过程中为大客户提供更加个性化的服务。这些特征包括以下六点。

①产品模式以及组成。

②产品适应特殊情况的可变性。

③产品的制造方法。

④产品的包装运输要求。

⑤产品的安装调试程序。

⑥产品故障的常见原因以及维修方法等。

（3）对相关行政工作的了解。大客户销售人员应该了解企业行政管理过程中的一些一般流程，包括以下四方面内容。

①拟订销售计划的一般流程。

②撰写销售报告的模式。

③处理相关文档的一般流程。

④销售业绩汇总的一般流程。

2. 确定培训的方式

培训的方式在一定程度上决定了培训的结果，因此企业在选择大客户销售人员培训方式时，应该适应企业的实际要求。常见的培训方式如下。

（1）在职训练法。在职训练法就是要求大客户销售人员一边工作一边接受培训。选择这类培训方式的企业最多，在一项针对美国企业的调查中，215家企业中有72.6%的企业采用了在职训练法。

（2）个别会议法。个别会议法要求大客户销售人员组成讨论小组，定期或不定期地进行讨论。这一方法有利于企业内大客户销售人员之间相互交流经验。

（3）训练班教授法。这是一种系统教授方法，对企业的资源条件要求较高，但会有很好的培训效果。

（4）其他。还有一些其他因地制宜的培训方法，例如运用现代通信方式对大客户销售人员进行培训等。

3. 实施培训计划

在培训计划实施的过程中企业要注意以下问题。

（1）培训集中度。培训可以采取集中培训和分散培训两种方式。前者的优点是费用可以控制得更低，后者的优点是可以进行个性化培训。

（2）讲授人员。讲授人员应由专业人员担任，一般应具备以下条件。

①对所授课程有全面的了解。

②对教授任务有高度兴趣。

③对讲授方法有充分研究。

④对所用教材能及时修订。

企业也可以组建专门的培训部门负责员工的培训。松下等知名企业在进行员工培训时就利用了企业内部的人力资源。这样不仅使得培训的针对性更强，而且可以更快地使新员工接触并接受企业文化，尽快融入企业。

（3）培训实施的顺序。为了取得更好的培训效果，在实施过程中企业应注重培训实施的顺序。一般培训应划分为以下三个环节。

①最初培训。

②指导培训。

③复习培训。

培训的方法很多，这里对各种方法做一个简单的介绍。

（1）实例研究法。此法是指选择有关案例，使受训人员根据他们的工作经验以及学习到的原理寻求解决方案。应用这一方法的目的在于鼓励受训人员积极思考。

（2）角色扮演法。让受训人员扮演销售过程中的各种角色，使得他们充分体会大客户销售过程中各类参与者的感受，以帮助他们理解大客户的想法并为其提供更加有效的服务。

（3）业务模仿法。模仿一种业务情况，让受训人员在一定时间内做出一系列决策。随着每一个决策的做出，业务情况会发生相应的变更，如此可以观察受训人员是如何适应新情况的。

（4）其他方法。其中自我修炼也是一种重要的培训方法。这种方法对受训人员的能力要求更高，如要求他们有很强的改进欲并有一定的实务经验，等等。

当企业招募到合适的大客户销售人员后，首要任务是经过培训，使他们在较短时间内了解企业的产品特点、工作流程等，同时对大客户销售、管理工作有深入了解。在此基础上，大客户销售人员才能在今后的工作中为企业做出更大的贡献。

关键点提示

对大客户销售人员进行培训的步骤如下：

1.确定培训的内容；2.确定培训的方式；3.实施培训计划。

1.4　如何设计大客户销售人员薪酬

工作场景描述

当企业不清楚如何对大客户销售人员的薪酬进行设计时，可查看。

解读与分析

为了聘用和留住优秀的大客户销售人员，企业必须在薪酬方面具有一定的竞争力。以下介绍了薪酬设计的准则和方法。

1. 掌握影响薪酬设计的因素

（1）影响薪酬设计的内部因素。影响薪酬设计的内部因素很多，主要有以下几种。

①企业的发展阶段。企业的发展阶段不同，企业的战略和盈利能力也就不同。因此，在不同的发展阶段，企业对大客户销售人员的薪酬设计也就不同。

②大客户销售人员的能力和经验。能力和经验主要从以往的绩效中反映出来。大客户销售人员的能力越强、经验越丰富，他们的绩效也就越好，薪酬也应该越高。

③企业文化。企业文化与企业的管理方法紧密相关，对薪酬模式有很大的影响。例如，在那些提倡销售明星的企业内薪酬差距就很大，而在提倡集体主义的企业内，薪酬差距就很小。

④企业的所有制形式。据资料显示，不同所有制企业的相同岗位，其薪酬并不

一样。

（2）影响薪酬设计的外部因素。影响薪酬设计的外部因素主要有以下两方面。

①所处行业的情况。同一行业的企业往往具有共同的生产经营特点，由于历史原因和现实需求，各行业的员工对薪酬的期望不同。因此，企业所处行业的情况也会影响薪酬的设计。

②其他因素。政策法规、人才市场供需状况、当地经济发展状况以及当地生活成本指数等都会对薪酬设计产生影响。

2. 掌握薪酬设计的准则

从大客户销售人员的角度来看，企业在设计薪酬方案时，遵循以下原则能够更加具有激励性。

（1）公平原则。这是薪酬设计最主要的原则。企业要使所有员工意识到人人平等，只要努力就会有满意的报酬。

（2）激励性原则。薪酬模式必须给予大客户销售人员一种强烈的激励作用，以促使其取得更大的销售量。

（3）稳定性原则。优良的薪酬模式，要保证大客户销售人员的收入相对稳定，这样才能使他们的生活不受影响，专心为企业工作。

（4）灵活性原则。薪酬模式的建立应能满足各种类型大客户销售人员的需要。

奖励是对大客户销售人员优异表现的一种鼓励性薪酬，它是企业为促进大客户销售人员提高绩效而采取的一种有效措施。奖励又可以针对个人表现和团队表现分为个人奖励和团体奖励。个人奖励模式旨在将大客户销售人员的个人努力与其收入联系在一起，最彻底的个人奖励模式是计件工资制度。团体奖励模式的目的是将个人融入团队，将个人之间的竞争转化为团队成员之间的合作。

3. 掌握薪酬设计的步骤

有效的薪酬方案的设计通常包括五个步骤。

（1）准备工作说明书。工作说明书中应表明职位责任和行为准则，某些销售工作可能包含直接推销，但更多的是指导性工作和支持性服务。

（2）建立销售目标。设计薪酬方案的主要目的是实现企业已制订的销售目标。制订销售目标时，除了设立总销售额和利润指标之外，企业还可以把为大客户提供的销售样本数量、向大客户售出的新产品数量、特定产品的销售数量等作为辅助指标。

（3）制订薪酬方案。大多数薪酬设计计划是基本工资、提成与红利的混合体，因为这种形式的薪酬已经被证明在完成组织既定目标、取得高额销售收入和利润额方面是有效的。主要的薪酬决策集中在固定工资与激励工资的适当配比上。在许多薪酬方案中，大客户销售人员收入额中的70%是固定的，30%则是从提成或红利中得来的。

留住优秀大客户销售人员有时可以通过提供股票期权的方式来达到。享有股票期权，大客户销售人员就有了未来按低于市价的既定价格购买企业股票的权力。随着企业的发展，股票价格若上升的话，优秀大客户销售人员会有可观的预期收入。

（4）评估方案的有效性。薪酬方案的重要性，使得企业应该在薪酬方案实施前进行仔细评估。比如，通过评价前三年薪酬方案对销售的影响，企业可以确定所设计的方案是否有效。

（5）评价实施结果。实施结果是对薪酬方案设计效果的真实反馈，企业通过这一过程不但能够发现薪酬方案中存在的问题，而且能发现管理中的其他问题，从而进行修正。

企业在建立大客户管理制度、筹建专门针对大客户的组织部门时，应建立完善的激励机制，以保证良好的销售业绩。通常来说，大客户销售人员是大客户销售的具体执行者，他们的工作能力、工作积极性与大客户管理息息相关。因此，合理地设计大客户销售人员的薪酬是顺利开展大客户业务所必需的。

关键点提示

在进行薪酬设计时要掌握以下内容：

1.掌握影响薪酬设计的因素；2.掌握薪酬设计的准则；3.掌握薪酬设计的步骤。

1.5 如何衡量大客户销售效果

工作场景描述

当企业需要衡量大客户销售效果时，可查看。

解读与分析

企业需要衡量大客户销售的效果，并以此推断大客户销售团队的工作业绩。对大客户销售业绩的衡量没有一成不变的标准，每个企业都必须制订自己的衡量标准。下面介绍六种企业衡量大客户销售效果时的具体标准。

1. 财务标准

传统上将财务指标作为衡量大客户销售业绩的重要标准，包括销售收入、销售费用等。这种偏重财务指标的做法没有将重点放在能使企业增值并创造财富的本质问题上。这些本质问题包括：质量、生产率、按时送货、创新、团队协作、灵活性、短周期以及大客户服务等。传统的衡量标准对解决这些问题束手无策。

2. 大客户满意度

大客户满意度能直接反映大客户销售全过程中大客户的真实感受，从而反映大客户销售工作的成效。

了解大客户满意度的方法如下。

（1）直接反馈。企业可以通过主动调查获取大客户的直接反馈，或利用自动反馈机制，如答复卡、问卷调查等获取大客户的直接反馈。

（2）间接反馈。如难以获得直接反馈，企业可使用一些间接标准来跟踪大客户的满意度。这些间接标准要能够客观、具体地反映大客户销售过程中某一环节的效果。

3. 流程时间

一流企业无论对内对外，都极为强调向大客户提供及时的服务。对此，简单的测量标准如下。

（1）从与大客户接触到最终完成供货所花费的时间。

（2）从大客户提出具体需求到提供产品或服务所花费的时间。

它们所衡量的是企业对大客户需求的反应速度，能够反映大客户销售的时效性。

4. 创新性

创新性这一测量标准的运用将因企业或市场的不同而不同。

（1）能提供许多种产品或服务的企业，可以通过测量大客户销售过程中的创新点来衡量大客户销售的活力。

（2）可提供较少产品或服务的企业，则要用为大客户提供的新解决方案的数量来衡量大客户销售的活力。

5. 灵活性

对大客户的多样性需求，大客户销售人员能在多大程度上给予满足是灵活性的重要体现。大客户销售过程中的灵活性能够保证企业与大客户建立长期合作关系，并借助适当的时机争取到新的大客户。

6. 质量

大客户销售过程中可衡量的质量问题包括以下两方面。

（1）销售所使用信息的准确性。使用信息的准确性所涉及的主要问题是大客户资料、需求以及订单等信息的准确性。

（2）单位大客户为企业创造的价值，即每一个大客户一年中的采购金额，以及为企业带来的利润。这一指标反映了企业大客户的质量。

随着大客户需要和期望的变化，企业衡量大客户销售效果的标准也需进行相应的改变。衡量标准会对大客户销售团队的工作造成影响，企业应该用恰当的业绩考核标准引导销售团队向着企业的最终目标前进。

评估大客户销售业绩时，企业应避免使用太多标准。不要使用那些结合几种因素的标准，因为这会使大客户销售人员感到迷惑，并阻碍企业的改进。企业只需选择一种能解决大客户难题的标准，并借此评价企业的大客户销售业绩。

关键点提示

衡量大客户销售业绩的六种标准：

1.财务标准；2.大客户满意度；3.流程时间；4.创新性；5.灵活性；6.质量。

1.6 如何对大客户销售人员的绩效进行考核

工作场景描述

当企业要对大客户销售人员进行绩效考核时，可查看。

解读与分析

对大客户销售人员的绩效进行考核不仅是对企业负责，也是对大客户销售人员负责的做法。只有通过考核，企业才能对大客户销售人员的能力以及成果做出正确的评价，并帮助他们取得更大的进步。绩效考核由以下三部分内容组成。

1. 确定考核资料的来源

考核资料的来源通常可以分为直接来源和间接来源两种。最重要的直接来源是大客户销售人员的工作报告，最重要的间接来源是企业内员工的意见。

（1）大客户销售人员的工作报告的种类很多，企业进行绩效考核时更关心的是完成工作的报告书，它提供了销售活动的成果。另外，大客户销售人员提交的计划书也是进行绩效考核时的参照，它从侧面反映了大客户销售人员对未来情况的把握能力。为了在不同大客户销售人员之间形成有效的比较，企业应对工作报告的一般形式做出规定。

（2）企业内员工的意见。其主要来源是大客户销售人员以及其他员工的意见。从其他途径得到的资料无法提供有关大客户销售人员合作态度以及领导才干的信息。这种资料的优点在于能够弥补企业档案以及大客户销售人员报告中所提供资料的不足。

2. 确定绩效评价标准

考核大客户销售人员的绩效时，一定要有一个良好而合理的评价标准。绩效评价的标准应涉及销售额、利润等，与企业的目标相契合。一般的评价标准如下。

（1）销售量。这是一种最常用的标准，但是往往只能反映企业可能的利润。

（2）毛利。这一数值在一定程度上能够体现企业的获利潜力，因此对评价大客户销售人员的工作来说很重要。

（3）访问率。大客户销售人员与大客户进行接触的次数能够反映大客户销售人员的努力程度，但是不能体现销售效果。

（4）访问成功率。这一标准可以体现大客户销售人员的工作成功率。

（5）销售成本。衡量与大客户接触的成本，能够反映直接销售费用与销售额的关系，能够在一定程度上体现大客户销售人员的工作效率。

（6）客户流失数量。这是一个负面指标，该指标越大，说明大客户销售人员的工作业绩越不好。

（7）新客户数量。为企业开发新客户是大客户销售人员为企业做的特殊贡献，也是进行绩效考核时应注意的一个指标。

企业可以根据实际情况对上述评价指标进行综合运用，达到有效评价大客户销售人员工作成果的目的。

3. 确定绩效评价的方法

绩效评价的方法很多，这里将具有代表性的几种方法分述如下。

（1）顺位法。这是最简单的一种方法，就是将各个大客户销售人员按照评价标准得到的成绩依次排列。这一方法简单明了，易于实施。

（2）比较法。先假想或找到一个标准的大客户销售人员形象，将各位大客户销售人员与其做比较，以评价个人的绩效。这种方法不具体对大客户销售人员进行排序，在节省时间和费用的同时，也达到了评价的目的。

（3）综合法。对企业内各位大客户销售人员的能力和成绩做线性回归分析，高于均值的大客户销售人员是合格的，而低于均值的大客户销售人员是不符合要求的。这一方法对统计知识的掌握程度要求比较高，企业可以购买专门的软件实施评价。

（4）考核尺度法。考核尺度法就是为每一项评价指标制订一个合格标准，只要有一项低于标准，该大客户销售人员就是不符合要求的。这一方法有利于督促大客户销售人员在工作中全面提升自己的能力。

考核大客户销售人员的工作质量、工作积极性等是确保他们有效工作的一项重要手段，也是设定奖惩方案的合理依据。

关键点提示

绩效考核由以下三部分内容组成：

1.确定考核资料的来源；2.确定绩效评价标准；3.确定绩效评价的方法。

1.7　优秀的大客户经理应该具备哪些技能

工作场景描述

当企业要明确优秀的大客户经理应具备哪些技能时，可查看。

解读与分析

大客户经理是大客户销售团队的领袖，具有非常重要的作用。这里给出了一个优秀的大客户经理应该具备的技能。

1. 产品技术知识

毫无疑问，大客户经理要能够处理好大客户咨询的问题，尤其是在与大客户最初接触的阶段。一小部分大客户甚至会很关注大客户经理是否具有技术支持的能力。企业可以通过对常见问题建立专家数据库，来帮助大客户经理妥善处理大客户遇到的常见问题。

2. 指导和建议能力

大客户经理应能够对团队的目标和成员的工作做出适当的指导和建议，增强团队凝聚力。

3. 团队时间管理能力

时间是一项稀缺资源，大客户经理应能够通过时间管理按时完成团队的各项任务，例如按时完成销售计划等。

4. 管理变革与创新的能力

没有哪一种管理模式是最好的，只有适应实际情况的管理模式才能达到最佳的管理效果。在现实社会中，企业所处的环境在不断变化着，为了使企业取得更好的销售业绩，大客户经理应能够适时推出新的管理模式，推动企业内部管理制度的改革。

5. 管理沟通网络的能力

这里所说的沟通网络特指团队内的沟通。要想使一个团队最大限度地发挥各个成员的作用，沟通是不可缺少的机制。身为大客户销售团队的领导，大客户经理应该担负起管理沟通网络的任务。通过对沟通网络进行有效管理，团队内能实现经验、教训的分享，帮助其他成员更加顺利地完成工作。

6. 项目管理能力

在为大客户提供服务的过程中，从最初的产品介绍和客户接触到最终的产品安装调试，是一个完整的项目管理过程，对于那些技术含量高的产品来说更是如此。因此，大客户经理应具备较强的项目管理能力，从始至终全面把握整个项目的进程，并及时反馈大客户的意见，以便对整个项目做出相应调整。只有这样，为大客户提供的服务才能满足他们的具体需求。

7. 应变能力

现实销售环境是千变万化的，这就要求大客户经理能够对各种突发状况做出正确的处置。应变能力是需要在实际工作中不断完善的。

8. 较强的亲和力

亲和力是当前人们比较提倡的一种能力，目前尚没有一个权威的定义。一般而言，亲和力主要是指亲切、友好、尊重和热情等。大客户经理的亲和力在一定程度上是企业亲和力的反映，企业的亲和力将影响大客户的采购决策。

9. 文化素养和语言能力

交流双方不能有效沟通是销售中的一大障碍。在现代的商业战略中，了解客户和竞争对手的意图是确保战略顺利实施的基础。文化是交流的背景，而语言是交流的通道。在这两方面，大客户经理都应具备很强的能力。

10. 财务知识

绝大多数大客户认为，大客户销售人员在提议中表现出对财务知识的了解是很重要的。大客户常常声称他们希望得到企业更多的财务支持，比如为其提供财务筹划，以达到促销的目的。

11. 改善团队成员态度的能力

在大客户销售领域，团队的作用正变得越来越重要。任何一个团队都是如此——只有团队中的成员能够齐心协力地奔向同一个目标，团队才能取得整体的成功。否则，即使每一个人都很努力，最终的结果也可能不尽如人意。因此，大客户经理应具备改善成员态度的能力，使团队成员齐心协力地完成目标。

12. 沟通协作能力

为大客户提供服务不是大客户销售团队可以独立完成的，大客户经理要成为大客户与企业内其他部门沟通的桥梁。例如，当大客户采购的产品出现故障时，大客户经理应及时地与维修部门取得联系，在最短的时间内排除故障，为大客户减少损失。

总之，大客户经理的个人素质和行为方式不仅代表其本人，更代表着大客户销售团队，代表着企业。大客户经理在实际工作中应具备较强的专业素质和沟通能力，以便更好地与大客户建立贸易关系。

关键点提示

一个优秀的大客户经理应具备的技能如下：

1.产品技术知识；2.指导和建议能力；3.团队时间管理能力；4.管理变革与创新的能力；5.管理沟通网络的能力；6.项目管理能力；7.应变能力；8.较强的亲和力；9.文化素养和语言能力；10.财务知识；11.改善团队成员态度的能力；12.沟通协作能力。

1.8 如何规划大客户销售团队的结构

工作场景描述

当企业不清楚怎样规划大客户销售团队结构时，可查看。

解读与分析

建立怎样的大客户销售团队才能对大客户产生最大的影响呢？这是企业面临的一个重要决策。这里介绍四种大客户销售团队结构及其各自的特点。

1. 基于地域的大客户销售团队

（1）组织结构描述。基于地域的大客户销售团队以地理区域为划分大客户销售团队工作范围的基础，每一个大客户销售团队被指派到一个地区，作为面向该地区大客户的唯一企业销售代表。

（2）特点。这种大客户销售团队的结构有利于大客户经理以及团队成员与地区内的大客户加强联系。同时，由于各个大客户销售团队之间没有重叠的大客户，因此销售责任明确。另一方面，又因一个大客户销售团队活动的区域有限，所以差旅费用相对较少。

（3）适用条件。当企业的大客户分布相对集中时，可以考虑采用这种大客户销售团队结构。

2. 基于产品的大客户销售团队

（1）组织结构描述。顾名思义，这种大客户销售团队是以企业的产品为划分依据的，每一个大客户销售团队负责一种企业产品，面向企业的所有大客户进行销售。

（2）特点。这种基于产品的大客户销售团队可以使不同层次的销售人员充分发挥自身的优势。例如，介绍复杂产品的销售人员会更加注重对自身专业知识的培养，而不仅仅关注一般的销售技巧。

（3）适用条件。当企业的产品结构比较复杂时，特别是当产品技术复杂、产品之间关联性较弱时，企业可以考虑使用基于产品的大客户销售团队结构。

3. 基于市场结构的大客户销售团队

（1）组织结构描述。大客户销售团队的结构还可根据被服务对象的性质来具体确定，例如根据被服务的大客户所处的行业、企业性质来划分不同的大客户销售团队。而对于某些大客户集中的行业，企业甚至可以成立一对一的大客户销售团队，为大客户提供服务。

（2）特点。处在同一行业或具有相同性质的大客户往往有许多共性，这有利于企业针对其各自的特点提供更加个性化的服务，同时也能达到节约销售成本的目的。这一结构的另一个好处是，大客户销售人员对于客户的特定需求非常熟悉，便于建立良好的个人联系。

（3）适用条件。当企业的大客户具有明显的按行业分布的特点时，企业可以考虑组建基于市场结构的大客户销售团队。另一方面，针对那些对行业敏感的大客户，企业也可以考虑组建基于市场结构的大客户销售团队。

4. 复合式大客户销售团队

（1）组织结构描述。所谓复合式大客户销售团队，就是综合运用上述几种结构，建立的一种多种结构混合的大客户销售团队结构。

（2）特点。这一结构最明显的优点是能够充分发挥每一种结构的优势，但是在费用方面明显高于其他大客户销售团队结构。

（3）适用条件。当企业在一个广阔的地理区域内向许多不同类型的大客户销售多种产品时，就可以使用复合式大客户销售团队结构。

在顺利开展大客户业务之前，企业需要规划出有效的大客户销售团队结构。大客户销售团队的组织结构形式和特点不仅要服从整个企业的组织目标，还要适应大客户的特点和分布。

关键点提示

四种主要的大客户销售团队结构：

1.基于地域的大客户销售团队；2.基于产品的大客户销售团队；3.基于市场结构的大客户销售团队；4.复合式大客户销售团队。

1.9 如何组建大客户销售团队

工作场景描述

当企业对于如何组建大客户销售团队不是很明确时，可查看。

解读与分析

大客户销售团队要完成多种任务，为大客户提供多样化的服务，这就要求成员的技能具有一定的层次结构。这里给出一个提供全面服务的大客户销售团队的成员来源。

1. 来自普通销售部门的成员

他们要为与大客户进行接触提供经验，例如通过拜访等方式与大客户进行直接接触，实现与大客户间的沟通。

2. 来自客户服务部门的成员

当企业的产品或服务出现影响大客户运作的特殊问题时，客户服务部门的成员能够利用自己的一技之长应付这些问题以及其他紧急突发事件。

3. 来自技术部门的成员

企业的产品或服务可能具有特殊的性能，这时特殊产品的销售就需要来自技术部门成员的协助了。

4. 来自配送部门的成员

当大客户对送货时间要求苛刻、对灵活性要求高，或者当送货程序比较复杂时，大客户销售团队就需要具备这方面专长的成员加入了。

5. 来自宣传部门的成员

当大客户的采购量明显受到销售规划和促销活动影响时，来自宣传部门的成员就有用武之地了。他们可以策划具有创造性的销售企划来帮助团队提升销售业绩。

6. 来自生产部门的成员

当大客户对产品或服务的时效性、存货很敏感，或是对产品或服务的需求波动很大时，来自生产部门的成员可以即时识别这一特征并反馈给生产部门，使企业能够准确地调整内部资源的分配。

7. 来自财务部门的成员

企业与大客户进行谈判的过程中，不可避免地会涉及价格问题，这时来自财务部门的成员能够全面衡量各方利弊，给出中肯的建议。另一方面，当销售活动涉及租赁或税收问题时，来自财务部门的成员更能派上用场。

8. 来自培训部门的成员

企业销售的产品或服务可能需要重要的技术支持，此时就需要大客户销售团队中有来自培训部门的成员，因为他们能够给大客户提供最适宜的指导。

企业在实际操作中可以根据具体情况确定大客户销售团队的职能，根据职能组织、抽调人员组建团队。

关键点提示

一个提供全面服务的大客户销售团队成员的来源如下：

1.来自普通销售部门的成员；2.来自客户服务部门的成员；3.来自技术部门的成员；4.来自配送部门的成员；5.来自宣传部门的成员；6.来自生产部门的成员；7.来自财务部门的成员；8.来自培训部门的成员。

1.10 如何减少大客户销售团队内的冲突

工作场景描述

当企业要保持大客户销售团队内部的良好关系时，可查看。

解读与分析

大客户销售团队是一个系统，它的正常运转需要成员之间密切配合并保持步调一致。但是像任何系统一样，冲突总是无法避免的。为了将不必要的损耗降至最低，这里给出四种减少团队内冲突的方法。

1. 最高目标法

这一方法的本质是找到一个所有团队成员都能接受的最高目标，团队成员之间的关系因这一最高目标而和谐起来。这一最高目标要能够全面兼顾各成员的利益，使各成员能够同心协力地为销售工作做出贡献。

2. 冲突转移法

这一方法通过转移关注焦点来缓解和消除团队内的冲突，因此该方法有比较严格的适用条件，例如，它一般只能用在解决人际关系冲突上。

当团队内出现人际关系冲突时，可以考虑引入一个能够吸引成员注意力的事件，如一个新的任务、一次出游等。

使用冲突转移法时，引入怎样的新焦点是一个需要用经验解决的问题。不同的团队需要引入的新焦点是不同的。当然，我们一定要避免引入新的冲突焦点。

3. 开诚布公法

这种方法基于这样的观点：所有冲突都是沟通交流不畅造成的。该方法充分相信人们的坦诚能够解决任何冲突。这一方法的具体实施途径会根据具体情况不同而有所不同。传统的座谈会是一种通过坦诚交流化解冲突的有效方法。在通信技术迅猛发展的今天，团队拥有多种实施开诚布公法的有效途径。

4. 职位推荐法

这一方法要求团队内的具体职位安排是通过推举确定的，这样团队内成员的沟通交流就成为一种必需的事，而不是流于形式。由此产生的安排结果会得到团队内多数成员甚至全体成员的支持，这样在开展工作时成员就不必担心遭受攻击、被人怀疑等问题了。

大客户销售团队是一个整体，当内部成员齐心协力，有较强的凝聚力时，大家工作起来就会热情高涨、互相协作，团队就会蒸蒸日上，业绩也会受人瞩目。但若团队人心涣散，内部钩心斗角，矛盾此起彼伏，不但会影响工作效率，还会影响工作业绩，从而制约企业与大客户的合作进程。

关键点提示

四种减少团队内冲突的方法是：

1.最高目标法；2.冲突转移法；3.开诚布公法；4.职位推荐法。

1.11 如何消除大客户销售人员的懈怠情绪

工作场景描述

当企业需要提高大客户销售人员的工作积极性时，可查看。

解读与分析

以下是大客户销售人员懈怠的表现。

（1）停止找寻新客户。

（2）不像以前那样乐于工作，总是迟到早退。

（3）反对新的政策和工作程序。

（4）时常缺席企业会议。

（5）不修边幅、工作懒散。

（6）埋怨其他团队成员。

（7）埋怨竞争对手。

（8）销售量下降。

（9）大客户的投诉增加。

（10）不向领导汇报遇到的困难。

大客户销售人员的工作积极性和表现最终影响销售业绩。当大客户销售人员对工作开始懈怠和厌倦时，会对整个团队造成负面影响，降低大客户销售团队的整体工作效率。那么，如何避免此类情况发生呢？我们可参考如下方法调动大客户销售人员的工作积极性。

1. 提出警告

大客户销售人员的懈怠表现成为一种工作习惯，是一种比较糟糕的情况。企业主管人员一旦发现这一点，就应及时提出警告，可以根据具体情况采取一些惩罚措施。当这种行为造成的不良影响较严重，使得整个大客户销售团队无法正常运转且短时间内难以改观时，企业就应该考虑是否要重新物色大客户销售人员了。

2. 团队成员间相互监督和激励

大客户销售团队成员在实现共同销售目标的前提下，应该相互监督、相互激励。这在一定程度上也是衡量团队是否真正团结、向共同目标迈进的标准。成员之间的监督和激励会在很大程度上改变整个团队的精神面貌，消除不良的懈怠情绪，从而使大客户销售工作快速步入正轨。

3. 上级定期组织工作汇报和检查

大客户销售团队的销售业绩是企业上层领导极为关注的，因为这关乎企业的总体利益。一般企业的管理层会专门制订管理制度和行为方案，对大客户销售团队进行统一管理和监督。上级定期组织工作汇报和检查就是一种实时、动态了解大客户销售团队工作状态和业绩的方式，这样做可以减少出现大客户销售人员工作懈怠状况的可能性。

4. 休假

大客户销售人员出现懈怠情绪可能是长期工作劳累的正常反应，企业可以安排让其休假。短时间的休息可以缓解人的工作压力和紧张情绪，有些人在休假返回后可能会有新的思路和想法，工作起来会更有效率。

关键点提示

当大客户销售人员懈怠时，企业不妨从以下几方面入手：

1.提出警告；2.团队成员间相互监督和激励；3.上级定期组织工作汇报和检查；4.休假。

1.12 如何提高大客户销售团队的管理水平

工作场景描述

当企业需要提高大客户销售团队的管理水平时，可查看。

解读与分析

大客户销售团队是大客户销售工作的执行组织，团队中的优秀员工是企业的宝贵财富。加强团队综合管理，选拔和激励优秀员工，不断地调动内部成员的积极性，是大客户销售团队管理的主要任务。

1. 激励员工

对于高度重视大客户忠诚度的企业来说，没有优秀的大客户销售人员，就不可能有忠诚的大客户，而优秀的大客户销售人员需要企业予以激励。我们可以根据激励性质的不同，把激励分为四类，它们分别是：成就激励、能力激励、环境激励和物质激励。

（1）成就激励。成就激励是员工激励中非常重要的内容。根据作用不同，我们又可以把成就激励分为：组织激励、榜样激励、荣誉激励、绩效激励、目标激励和理想激励。

（2）能力激励。为了让自己将来生活得更好，每个人都有发展自己能力的需求。我们可以通过培训激励和工作内容激励满足员工这方面的需求。

（3）环境激励。环境激励是指通过氛围的营造达到激励员工的目的。一般来说，环境激励可分为政策环境激励和客观环境激励。

①政策环境激励。企业良好的制度、规章等都可以对员工产生激励作用。这些政策又可以保证企业员工之间的公平性，而公平是员工的一种重要需求。

②客观环境激励。企业的客观环境，如办公环境、工作氛围等都可以影响员工的工

作情绪。

（4）物质激励。物质激励的内容包括工资奖金和各种福利。它是一种最基本的激励手段。

2. 保持销售创新

大客户销售团队管理的最终目的是实现大客户销售。对于团队来说，开展大客户销售工作的过程就是全面接触大客户并为其提供服务的过程。在这个过程中，保持动态的服务创新理念对销售团队的管理工作很有益处。要想保持销售创新，企业要做到以下几点。

（1）在大客户销售过程中要积极主动。

（2）销售活动灵活，有弹性。

（3）坚持真诚相待原则。

（4）以行动来追求并实现零缺陷。

只有以这种全新的理念为指导，以全新的姿态为大客户服务，企业才能赢得大客户的支持和信赖。

3. 积极主动沟通

（1）大客户销售团队成员与大客户的沟通。只有工作在一线的大客户销售团队成员主动而有效地与大客户沟通，才能真正了解大客户对服务的要求、满意度和意见等，才能将服务做到位，并不断地提高服务质量，不断地提高大客户的满意度和忠诚度。

（2）大客户与企业中高层管理人员的沟通。企业中高层管理人员直接与大客户进行沟通，可以得到一手的大客户资料，能够弥补因一线员工反馈不及时或刻意隐瞒而造成的大客户信息的缺失，并能有效地减少信息隔层，及时发现管理中出现的问题并加以修正。这样，才能够保证整个大客户销售团队的良好运转。

（3）企业的中高层管理人员与大客户销售团队成员之间的沟通。企业中高层管理人员与大客户销售团队成员的良好沟通，可以使上级了解下级的真实想法和意愿，从而有针对性地完善员工管理制度，进而上下同心，真正地为大客户提供高水准的服务。

4. 提倡换位思考

在大客户销售团队的管理工作中，企业应强调从大客户的角度出发去思考，把大客户的事当成自己的事，这样才能积极为大客户出谋划策。只有以“助人”——服务大客户为“乐”，团队才能始终以饱满的精神状态让一个又一个的大客户满意。

5. 让团队成员参与新服务项目的开发

让大客户销售团队成员充分发挥其从一线工作中获得的经验和信息的作用，参与新服务项目的开发，这样做可以增强大客户销售团队成员的主人翁意识，激发其创新激情，同时可以让大客户销售人员充分了解开发新服务项目的目的、意义，减少其在将来推销新产品时可能产生的顾虑。

6. 对团队成员充分授权

大客户销售团队成员在获得授权的情况下，不必事事汇报，能够充分发挥其智慧和能动性，灵活、快捷地处理权限内的事情。灵活、快捷的服务无疑会提高大客户的满意度，使大客户销售工作变得更及时、更有效。

大客户销售团队是位于大客户销售一线的组织，充分调动团队成员的积极性和创造性，将会有力推动大客户销售工作顺利进行。

关键点提示

企业提高大客户销售团队的管理水平时，应从以下几个方面入手：

1.激励员工；2.保持销售创新；3.积极主动沟通；4.提倡换位思考；5.让团队成员参与新服务项目的开发；6.对团队成员充分授权。

1.13　销售人员如何保持热情的工作态度

工作场景描述

当企业期望销售人员在整个销售过程中一直保持热情的工作态度时，可查看。

解读与分析

销售热情是指销售人员以一种让客户觉得真实可信的态度，表现出的对所售产品或服务充满自信、对客户充满尊敬的情感。

在销售过程中，关键不是销售什么，而是如何销售。热情的工作态度是实现成功销售的关键。销售人员如何才能在销售过程中保持热情，让客户从销售人员的热情中感受到为他提供帮助的诚意呢？销售人员可从以下几方面入手。

1. 牢记销售方式与销售产品或服务同样重要

有时不是产品或服务，而是销售方式决定了销售结果。销售人员应该时刻照顾客户的情感，做到不与客户争辩，这样才能留住客户；不应因过于注重产品或服务的销售而忽视销售的方式和态度，那样会引起客户的反感。牢记销售方式与销售产品或服务同样重要，是使销售人员保持销售热情的前提和必备条件。

2. 树立忠心为客户服务的意识

顾客就是上帝，销售人员只有本着为客户服务的原则，处处为客户着想，创造各种条件来为客户服务，努力满足他们的要求，才能真正把握销售工作的方向。无数因接受过盛情款待而心满意足的客户，就是产品或服务的无数个义务宣传员，他们会在不同的场合有意无意地宣传或推销企业及其产品或服务，使之美名远扬。客户服务意识的强弱决定着销售工作的成败。只有具备忠心为客户服务的意识，销售人员才能在工作中产生热情。

3. 树立信心

销售人员的信心来源于对自己所售产品或服务及对客户的了解。销售人员如果有信心，在销售活动中就会更加放松，能够正确应对各种类型的客户和客户的各种要求、询问。客户对其服务的充分认可又会使销售人员更加喜欢以客户为中心的销售过程，进而表现出更大的工作热情。销售人员可以通过深刻了解产品或服务相关知识，了解竞争对手的情况，了解营销方面的专业知识以及掌握企业的销售进程等来树立工作的自信心，进而产生工作热情。

4. 学会控制工作情绪

良好的心态对任何工作都很重要。销售人员每天遇到的事情千变万化，碰到的客户千差万别，如果能够培养一种平和处理情绪的能力，就能够以良好的心态来处理突发事件，来应对不同的客户，这将有利于保持工作的热情，从而保持或者提升企业及其产品或服务的形象和声誉，最终成功实现销售。所以，销售人员除了要在平时训练自控、忍让的能力外，还应该事先多做几种假设，多准备几个方案，只有这样，在遇到问题时才能做到有备无患。

5. 有效表达热情

让客户感受到销售人员的工作热情，然后对销售人员的工作态度给予肯定或者赞赏，这样就会增强销售人员的自信心，并使其愿意继续保持工作热情，将工作做得更好。让客户感受到销售人员工作热情的必要条件是销售人员会表达热情，比如，在面对面的销售活动中要学会问候与寒暄，善于用委婉或幽默的话语来拉近与客户的距离，注重交谈时的语调和肢体语言的表达，在电话销售和服务中尤其要注重说话的语调。

总之，以客户为中心的销售，需要销售人员保持良好的工作热情。这不仅有助于更好地服务客户，还会对企业销售产生良好的助益。

关键点提示

保持热情工作态度的方法：

1.牢记销售方式与销售产品或服务同样重要；2.树立忠心为客户服务的意识；3.树立信心；4.学会控制工作情绪；5.有效表达热情。

1.14　销售人员如何认识正确的工作理念

工作场景描述

当销售人员需要认识正确的工作理念时，可查看。

解读与分析

正确的工作理念是实现成功销售的重要因素。那么，如何正确认识正确的工作理念呢？销售人员可以从以下几个方面着手。

1. 正确理解正确工作理念的确切含义

正确的工作理念就是坚持做任何有助于实现既定目标的事，从销售的角度讲，就是坚持做有利于实现“以客户为中心的销售目标”的事。

2. 体现正确的工作理念

树立正确的工作理念时，企业需要把本企业的企业文化和企业精神融入以客户为中心的销售活动中去，用客户的角度来思考问题，所有的销售活动都要以满足客户需求为目标，让客户感觉到企业的营销工作最终是为了满足客户的需求。

3. 践行正确的工作理念

（1）在最短的时间内进入工作角色。每天要尽快进入工作角色，当然这并不是指要按时上班或者提前上班，而是指从非工作状态转换到工作状态所需的时间要最短，并且在工作中要全身心地投入，抱着“工作就是工作，生活中的事下班后再说”的想法去工作。

（2）讲求工作效率。比如，在处理一件事前，要考虑好问题的关键；在每次与客户联系前，要知道联系客户的目的，客户需要什么，怎样做才能满足客户的需求；善于运用现代化的通信设施，比如用电子邮件、微信沟通代替登门拜访，用语音留言来代替死守咨询电话。

（3）售前售后，客户都是上帝。许多企业在销售产品或服务时认为客户是上帝，但在售后服务或者给客户解决具体问题时，就把“顾客是上帝”的原则抛在了脑后，这就没有真正做到以客户为中心。在销售产品或服务之后不仅要对客户进行跟踪服务，还要经常通过电话、邮件以及微信等方式来听取客户的意见和建议，让客户感受到企业的关怀，体验到本企业的正确工作理念。

（4）把企业文化渗透到销售活动中去。企业文化是企业在长期生产经营活动中自觉形成的并为广大员工所恪守的经营宗旨、价值观念和道德行为准则的综合反映。

销售活动不仅仅要在正常的业务活动中表现出为客户服务，而且要把企业文化融入以客户为中心的销售的各个环节中去，使客户在销售过程中深刻体会到企业文化的内涵，从而对企业的整个销售活动产生好感和信赖。

只有正确理解正确工作理念的内涵，并积极践行，把它体现在销售的各个环节中，才能真正地做到以客户为中心。

关键点提示

认识正确的工作理念时，大客户销售人员需要做到以下几点：

1.正确理解正确工作理念的确切含义；2.体现正确的工作理念；3.践行正确的工作理念。

1.15　销售人员如何平衡发展自我

工作场景描述

当销售人员想平衡发展自我时，可查看。

解读与分析

要想成功地实现以客户为中心的销售，销售人员必须做到平衡地发展自我，不断地提高自身的整体素质。为了实现自我的平衡发展，销售人员可以从以下几个方面着手。

1. 认识平衡发展自我的重要性

平衡发展自我，可以避免诸如销售工作占用太多的精力，因跟不上时代发展的步伐而感觉工作越来越累，且销售业绩不佳的被动局面出现。销售人员只有平衡发展自我，及时补充和更新各方面的知识，才有能力总揽全局，统筹安排，提高工作效率。成功的销售人员往往不是只沉迷于销售工作的人，而是懂得如何平衡发展自我的人。

2. 理解平衡发展自我的内涵

对销售人员来讲，平衡发展自我就是不要过分地沉迷于某个销售环节或单个销售任务，而是要在工作的同时时刻关注周围环境的变化和整个销售行业的发展趋势，关心整个销售过程的管理，学会统筹安排工作时间和具体工作环节。

3. 掌握实现平衡发展自我的措施

（1）树立全局观念。销售人员要跳出做好销售工作就是仅仅专注于自己所处的某个具体的销售环节，只需要做好自己的本职工作的误区，切忌“头痛医头，脚痛医脚”。

（2）拓宽知识面。销售人员要经常关注国家经济发展的趋势和动态，了解整个行业发展的态势；时刻关注营销学的发展，并及时给自己充电，不仅要更新销售的专业知识，更要注重自我能力的提高，以赶上时代发展的步伐。

（3）强化时间观念。销售人员要学会通过销售的全程管理来平衡发展自我，合理安排工作重点和工作时间，使每件事情都得到应有的重视，但又不花费无谓的时间和精力。销售人员要做到长期和短期计划相结合，每天开始工作前清楚自己当日工作的重点和所要完成的任务。

（4）培养协调能力。销售人员不仅仅要和客户保持联系，还要与企业其他部门的工作人员经常沟通，获得对企业各个管理过程、运作过程的整体认识和把握，使销售工作和其他部门的工作协调配合，谋求企业的整体发展。

销售人员只有懂得平衡发展自我的内涵及重要性，并且努力地做到这一点，才能成功地实现自我管理，促进企业的发展。

关键点提示

销售人员平衡发展自我时需做到以下三点：

1.认识平衡发展自我的重要性；2.理解平衡发展自我的内涵；3.掌握实现平衡发展自我的措施。

1.16 销售人员如何为工作设置目标

工作场景描述

当销售人员期望合理设置工作目标时，可查看。

解读与分析

取得成功的销售人员的一个共同点是：懂得如何设置工作目标，并且确切知道该如何达到目标。销售人员可以通过以下方法做到这一点。

1. 明白设置目标的作用

目标能够指导和协调销售活动，能将任务划分为不同的优先等级，有助于销售人员提高工作效率。设置目标有助于销售人员持续保持工作活力，并时刻提醒销售人员朝着目标方向前进。

2. 目标要具体和可衡量

（1）目标具体化就是避免在实现目标时出现很大的弹性。比如，销售人员在设定与客户建立关系的目标时，只写一句“与客户建立良好关系”是远远不够的，应该细化目标，比如：与多少客户建立起良好的关系，这些客户中有多少是新客户，有多少是老客户等。

（2）目标可衡量就是在实现目标的过程中可以随时检测目标实现的程度。如销售人员可根据企业历史和现在的销售资料和数据，结合对当今市场趋势的分析，来设置具体的目标销售额或销售量，如设置目标销售额时可以这样做：今年年底前，完成50万元的销售额，顾客的投诉率要下降3个百分点，在销售旺季要实现全年计划总销售额的60%等。这样，在工作的过程中销售人员就可以用各种指标来衡量目标实现的程度了。

3. 目标要具有可实现性

目标必须通过努力可以实现，实现目标会让销售人员有成就感，从而不断带给其前进的动力。因此，在设定目标前，销售人员必须客观地对自己的现状及各种客观因素进行衡量。

4. 目标要具有现实性

销售目标应该和实际销售工作紧密结合，让销售人员的能力能够集中体现在实际销售过程中。目标的现实性要求销售人员在设定目标时对现实情况做仔细的分析，优先改进那些急需改进的、直接影响销售成效的因素。

5. 目标要具有时限性

设立目标时必须同时限定目标实现的时间，这点很容易理解，却容易被疏忽。而这种疏忽恰恰是很多目标不了了之的主要原因。

6. 目标要具有挑战性

设置的目标不能过于平凡，目标的实现必须具有一定的难度。合理设置有一定难度的目标，使目标的完成具有一定的挑战性，有助于充分发挥个人的潜能，变工作压力为动力，努力朝着目标前进，不断实现自我的突破。

7. 定期更新目标

在实现目标的过程中，销售人员可能会发现实现阶段性目标所用时间和精力与自己当初的估计有差距，如完成情况比当初估计的要快、要好，这时就应当适当地调高原定目标，使其更适合自己，更具挑战性；如果在实现目标的过程中，由于周围的环境发生了变化，如自己有了新的任务、竞争对手的策略发生了改变或市场条件发生了改变等，导致任务目标无法完成时，销售人员可以根据实际情况适当调低目标，使它适应周围环境的变化。

只有深刻认识到设置目标的重要性，并依据实际情况制订切实可行的目标，积极地实现目标，适时地更新目标，销售人员的工作才会变得更有活力，成果才会更丰富。事物是在不断发展变化的，工作的目标也应该依据实际情况的变化做适当的更新和调整，否则目标将会失去它应有的作用。

关键点提示

销售人员为工作设置目标时需做到以下几点：

1.明白设置目标的作用；2.目标要具体和可衡量；3.目标要具有可实现性；4.目标要具有现实性；5.目标要具有时限性；6.目标要具有挑战性；7.定期更新目标。

1.17　销售人员如何进行时间管理

工作场景描述

当销售人员期望在销售过程中尽量做好时间管理时，可查看。

解读与分析

销售人员要想在销售领域取得极大成功，进行有效的时间管理是至关重要的。如何才能尽量做好时间管理呢？销售人员可以采用以下方法。

1. 正确运用 80/20 法则

销售人员在销售工作中要学会“确保重点，兼顾一般”的方法，即用80%的时间和精力去完成20%的重要任务，去接待20%的重要客户，用20%的时间去完成80%的次要任务，接待80%的次要客户，这样才能提高工作效率。

2. 根据经验，合理做好大的时间计划

在销售过程中，销售人员必须合理地安排自己的工作时间。销售人员应主要根据客户情况、销售业务状况以及自己的生活规律和习惯来做时间计划。如多数企业在某段时间是很忙的，是顾客电话询问、购买的高峰期，销售人员针对这样的实际情况，可结合自己的工作经验，制订长期和短期工作的时间计划，这样才能提高工作效率和有效地执行计划。

3. 做到与客户同步进行时间管理

作为销售人员，更多的时间被用来应对客户，包括与客户面对面交谈、介绍产品、解答疑惑以及接受电话咨询，等等。因而，销售人员的时间安排必须和客户的时间安排保持同步，如多数企事业单位会在每周一早上召开例会，这个时间段客户来电咨询或者购物的情况相对比较少。同时，销售人员还应该考虑不同时区、不同国籍客户的购物习

惯等。

4. 做好每日的时间安排和检测

销售人员每天都要安排好固定工作时间和灵活机动处理应急事件的时间，最后在下班时总结一下自己的任务完成和时间利用情况。比如，每天早上刚上班时用5分钟左右的时间，把今天计划完成的任务和可能发生的情况写下来，排好完成的先后顺序。

5. 有效安排差旅时间

差旅时间在销售人员可用的工作时间中占有相当大的比例。销售人员在每次出差前首先要做周密的考虑，要列出将要拜访的客户或目标客户，明确拜访的目的，选好拜访的时机，然后据此考虑出差的日程安排和路线安排，同时必须考虑当地的交通情况，避免在交通工具的衔接上浪费时间，导致来回折返。

6. 合理安排报告时间

编写报告也会占据销售人员很大一部分时间，因此销售人员最好把写报告的时间放在晚上，或者放在白天工作的空闲时间，比如等候与客户交谈的时间。当天的报告一定要当天完成，以免遗漏工作中的重要细节。

合理安排时间，充分利用时间，实现时间的有效自我管理，将大大有助于销售人员实现以客户为中心的销售目标。

关键点提示

销售人员合理进行时间管理的方法如下：

1.正确运用80/20法则；2.根据经验，合理做好大的时间计划；3.做到与客户同步进行时间管理；4.做好每日的时间安排和检测；5.有效安排差旅时间；6.合理安排报告时间。

1.18　如何克服销售活动中的胆怯心理

> 工作场景描述
>
> 当销售人员在销售活动中出现胆怯心理时，可查看。

解读与分析

在销售活动中，导致销售人员销售活动失败的主要原因之一是存在胆怯心理且没能克服它。那么，销售人员如何在销售活动中克服胆怯心理，实现成功销售呢？销售人员可以参考如下做法。

1. 深刻认识胆怯心理在销售活动中的危害

在销售活动中，胆怯心理影响销售人员对产品的介绍，影响客户对销售活动的满意度，进而影响以客户为中心的销售目标的实现，还会影响潜在客户的挖掘，影响销售人员的销售业绩，进而影响销售人员的薪酬。

2. 了解销售活动中胆怯心理的几种表现形式

销售人员在进行销售或者为客户提供售后服务时，常见的胆怯心理的表现形式有三种，分别如下。

（1）过分地做准备，因而浪费了许多宝贵的时间。

（2）在与客户交谈时表现出很不自然的神态，影响亲和力。

（3）在与客户交谈时，面对竞争对手散布的关于本企业产品或者服务的流言蜚语，当客户向销售人员证实时，销售人员显得有点慌张。

3. 有针对性地消除胆怯心理

对照上述提出的三种常见的胆怯心理的表现，销售人员需要看看自己是否存在胆怯心理，然后有针对性地进行消除。

（1）针对过分准备这一表现形式，销售人员可以提醒周围的人，在他们发现自己存在这种情形时，给予适当的鼓励或者分散自己的注意力。

（2）针对与客户交谈时神态很不自然的表现形式，销售人员可以在与客户交谈前做充分的准备，包括熟悉产品的性能、竞争对手的情况等。一旦销售人员有了准备，发现能和客户顺利地、零距离地沟通时，销售人员的胆怯心理也就消失了。

（3）面对竞争对手散布的关于本企业产品或者服务的流言蜚语，销售人员一定要保持冷静的态度，千万不能急躁和急于反驳，这样不但会使竞争对手得逞，还会直接影响销售业绩和销售心理。遇到此类情况时，销售人员可以泰然处之，轻描淡写地说一句“听到他们这样说，我感到很惊讶”之类的话后，转移话题，重新回到和客户的正常交谈中。

4. 适时地对消除胆怯心理前后的成果做对比，巩固自己的成果

在发现自己存在胆怯心理，并且针对不同表现形式采取不同的克服方法后，销售人员可以把以前存在胆怯心理的销售业绩和尝试克服胆怯心理后的销售业绩进行对比。经过对比，销售人员肯定会发现它们的不同之处，发现消除胆怯心理的好处。这样会增加销售人员的自信心，巩固以前取得的成果。这样坚持下去，销售人员就会逐步地克服销售过程中的胆怯心理。

深刻认识销售活动中存在胆怯心理的危害，了解它的表现形式，针对自己的实际情况，采取不同的方式进行克服，然后对其成果进行回顾和巩固，不仅有助于销售人员消除胆怯心理，还有助于其更好地为客户服务。

关键点提示

销售人员消除胆怯心理的步骤如下：

1.深刻认识胆怯心理在销售活动中的危害；2.了解销售活动中胆怯心理的几种表现形式；3.有针对性地消除胆怯心理；4.适时地对消除胆怯心理前后的成果做对比，巩固自己的成果。

1.19　如何增强销售成功的自信心

工作场景描述

当大客户销售人员因遭受大客户拒绝而失去自信时，可查看。

解读与分析

大客户销售人员在销售活动中难免会遇到大客户拒绝产品或服务的情况，这时候，如果选择退缩，那么大客户销售人员失去的将不仅仅是一次销售的机会，而是实现成功销售的自信心。如何才能增强销售成功的信心呢？大客户销售人员可从以下几方面入手。

1. 提前做好遭受拒绝的心理准备

大客户销售人员遭遇大客户的拒绝时，需要做的是：识别大客户拒绝的真实原因，然后寻找突破口来应对。大客户销售人员遭遇大客户拒绝的事情不足为奇，但是，如果在销售前做好充分的心理准备，大客户销售人员不但可以正确、从容地应对这种场面，更重要的是，可以有效应对，最终说服一部分大客户进行购买，进而增强大客户销售人员销售成功的自信心。

2. 了解大客户拒绝的可能原因

（1）大客户对企业产品或服务的宣传内容不认可，怀疑产品或服务的性能、质量或者售后。出现这种情况的原因可能是企业的宣传人员或者宣传资料没能使大客户真正地了解产品或者服务等。

（2）大客户的拒绝是装出来的，可能是想在产品或服务的价格、售后上取得讨价还价的筹码，因而故意装出拒绝购买的样子。这时，如果大客户销售人员因无法辨别大客户拒绝的原因而放弃大客户，大客户很可能就真的不买产品或服务了。

（3）大客户拒绝可能是由于当时心情不好，或者以前为同类产品或服务的质量问题而恼火过。这时，大客户销售人员如果放弃的话，结果将和上条一样。

（4）大客户固执己见，对事实充耳不闻，根本没有购买的欲望，或者需求的档次太高，本企业的产品或服务不符合其要求。这时大客户会婉言拒绝，此时即使大客户销售人员再努力也无济于事。

（5）大客户销售人员在销售过程中过分夸大产品或服务的性能，或者过分使用专业术语，使得大客户产生反感心理，从而拒绝购买。

3. 采取不同的方法应对大客户的拒绝

（1）针对大客户对产品或服务质量的怀疑，大客户销售人员可以当场为其演示，或者指出宣传的不足之处，尽量让大客户重新认识产品或服务。

（2）当大客户销售人员看出大客户拒绝的目的是讨价还价时，可以适当地降低价格，或者答应大客户在接受现行价格的条件下，赠送一定量的礼品作为补偿，或者在售后服务方面增加可行的额外服务，使大客户愿意购买。

（3）大客户心情不好时，大客户销售人员可以先离开，隔一段时间再来，或者安慰大客户，使大客户心情变得好起来。如果大客户以前被同类产品或服务欺骗过，或者对以前购买的同类产品或服务没有好感，大客户销售人员可以试着在大客户面前把这两种产品或服务做深刻的比较，让他对本企业的产品或服务产生不同的看法，这样做也可以获得销售的成功。

（4）如果大客户固执己见，或者根本没有购买的欲望，那么大客户销售人员要马上离开，不要在这里浪费时间和精力，这是最明智的选择。

（5）如果大客户因大客户销售人员在语言、形象上不得体而产生对大客户销售人员的反感，那么大客户销售人员要高度重视这个问题，力争以后在这方面做很大的改进，不再发生此类事情。如果不吸取教训，“实现成功的销售，实现以客户为中心的销售”就是一句空话。

4. 总结经验和教训，增强自信心

大客户销售人员在长时间的销售活动中，一定会遇到各种各样的拒绝行为。大客户销售人员在正确、恰当地应对大客户的拒绝时，要适当地总结经验和教训，对比用各种方式处理不同的大客户的拒绝时效果有什么不同，有什么优缺点，然后进行归类。这样有助于在以后的销售活动中增强自信心，达到成功销售的目的。

关键点提示

大客户销售人员要想增强销售成功的自信心，可以从以下四方面入手：

1.提前做好遭受拒绝的心理准备；2.了解大客户拒绝的可能原因；3.采取不同的方法应对大客户的拒绝；4.总结经验和教训，增强自信心。

第2章

大客户开发常见问题

大客户对企业的重要性不言而喻。大客户的一举一动都需要企业管理者和大客户销售人员予以关注。事实一再表明，深入、细致地分析和了解大客户是企业做好大客户销售工作的重要前提。

2.1　如何明确企业大客户

工作场景描述

当企业要明确大客户的具体含义时，可查看。

解读与分析

企业可以用很多标准细分客户，其中将客户分为大客户和普通客户的方法能够帮助企业更好地实现利润增长。企业可以从以下几个方面深入了解大客户的真正含义，从而明确自身的大客户。

1. 销售份额

大客户的特点之一是购买的产品或服务数量巨大，极少数的大宗购买者往往购买了企业的绝大部分产品或服务。因此，大客户所占的销售份额很大。例如，对于飞机引擎制造商来说，购买量排在前三名的客户购买了其95%以上的产品，那么这些客户就是当之无愧的大客户。

对于大多数企业来说，区分大客户的标准主要在于销售份额，因为其所在行业的基础结构已经确定了其业务重点。比如，任何一家进行大规模生产的食品企业要想获得更大的市场份额，必须瞄准最大的几家连锁超市。

2. 为企业创造的利润

根据营销学中著名的80/20原则，大客户是企业利润的重要来源。尽管其数量不多，却创造了企业大部分的利润。资料显示，在大型计算机制造行业，20%的用户创造了83%的行业总利润，这说明其余80%的用户仅仅给行业带来了不足20%的利润，由此可见大客户对企业利润增长的重要性。

3. 对企业未来发展方向的影响

大客户还包括那些与企业发展方向的确立，新市场的拓展以及新产品和新技术的开发、应用紧密相关的客户。由于大客户对企业来说非常重要，因此，企业要经常提供大客户定制的个性产品，甚至大客户会要求供应商根据自身的需求对操作方法和程序加以修改。这种合作伙伴式的关系使得企业的未来发展方向与大客户紧密相关。在这方面，宝洁与沃尔玛就是有代表性的企业，宝洁公司一直将沃尔玛作为重要的客户，在发展方向上时刻注意兼顾彼此的利益。

明确大客户就是要明确哪些客户对企业有很大贡献，80/20原则一针见血地指出了大客户对企业利润的绝对重要性。市场份额的大小、为企业创造的利润和对企业未来发展方向的影响是衡量大客户的重要标准。企业在明确大客户的过程中，要综合考察上述因素。

关键点提示

企业应从以下三个方面认识大客户：

1.销售份额；2.为企业创造的利润；3.对企业未来发展方向的影响。

2.2 如何确认大客户的需求

工作场景描述

当企业需要了解大客户的需求时，可查看。

解读与分析

了解大客户的需求就是了解大客户真正需要的是什么，此外，还要了解“需求背后的需求”。大客户销售人员如果不了解大客户的需求，就无法形成有效的销售策略。不同的大客户会提出不同的要求，通过如下办法，大客户销售人员可以了解到大客户的需求。

1. 通过提问了解大客户的需求

要想了解大客户的需求，问问题是最好的方式。通过提问，大客户销售人员可以准确而有效地了解大客户的真正需求，提供其所需要的产品或服务。其一般有以下几种提问方式。

（1）提事实性问题。当大客户销售人员不知道大客户所能给出的答案时，就可以问这种问题，它能使大客户告诉大客户销售人员其所不知道的情况，如：“您打开电脑时，发生了什么情况？”通过提这类问题，大客户销售人员可以获得更多的细节，其是为大客户服务时最常见的、首先提出的问题。

（2）提封闭式问题。封闭式问题即让大客户回答类似“是”或“否”的问题，这样做的目的是确认某种事实，澄清大客户的观点、希望或反应。问这种问题可以更快地发现问题，找出问题的症结，如：“当电脑出问题时，它是开着还是关着的？”这个问题是让大客户回答“开着”或是“关着”，如果没有得到想要的回答，应该继续问，从而确认问题所在。

（3）提描述性问题。让大客户描述情况，谈谈他的观点，有利于大客户销售人员了解大客户所关心的问题。

（4）提澄清性问题。在适当的时候询问、澄清大客户所说的意思，大客户销售人员可以据此了解大客户的需求。

（5）提征询性问题。提征询性问题时，大客户销售人员可告知大客户问题的初步解决方案。类似于“您看……怎样”这种问题叫作征询性问题。当大客户销售人员告知大客户一个初步解决方案后，要让他们做决定，以体现对大客户的充分尊重。

2. 通过倾听大客户的谈话了解其需求

只问问题而不认真地倾听大客户的回答，是在浪费时间。如果大客户销售人员不能真正地去倾听大客户的回答，就无法为大客户服务。在与大客户沟通时，大客户销售人员必须集中精力，站在对方的角度全面理解对方所说的内容，了解对方在想些什么，对方的需要是什么，尽可能多地了解对方的情况。有效倾听的方式包括以下七种。

（1）目光接触。目光接触可以使双方集中精力，避免分心，鼓励说话人继续说话。

（2）赞许性的点头和恰当的面部表情。

（3）避免做出令客户分心的手势、举动与体态。

（4）善于提问。善于提问的好处在于可以弄清对方的意思，表明大客户销售人员在认真聆听，也可以弄清对方对大客户销售人员的话理解到了什么程度。

（5）复述。复述可以表明大客户销售人员在认真倾听，同时可检验自己理解的准确性。

（6）避免打断说话者。让对方把话说完是对对方起码的尊重，同时还能够保证对方思维的连贯性。

（7）避免多说。冗长的描述会使对方厌倦，大客户销售人员应让大客户保持浓厚的兴趣，并让他们充分发表意见。

3. 通过观察大客户的非语言行为了解其需求

大客户销售人员如果想说服大客户，就必须了解其当前需求。在与大客户沟通的过程中，大客户销售人员可以通过观察对方的非语言行为，了解其需要、欲望、观点和想法。非语言行为包括以下三种。

（1）眼神。一个人的眼神往往最能反映他的内心想法，通过眼神，我们能够了解对方的真实感受。

（2）手势。手势是一种重要的肢体语言，大客户销售人员应通过手势进一步明确对方的意图，对会面做出及时调整，以确保会面质量。

（3）坐姿。对方的坐姿也是一个重要的信息来源，前倾的坐姿往往表示对方对谈话内容很感兴趣，对此大客户销售人员应予以注意。

4. 通过大客户业务需求联系单了解其需求

大客户的需求主要是对企业所提供的产品或服务的需求，企业可设计大客户业务需求联系单，在企业的门户网站上发布或以邮件的方式与大客户保持联系，收集大客户的需求信息。

企业在设计大客户业务需求联系单时要仔细斟酌，除了要收集一些常规需求信息外，更重要的是收集个性化、差异化的需求信息，所以在设计时要遵循以下三个原则。

（1）要求大客户填写基本信息，如单位名称、联系方式等。

（2）提供可选择的业务需求种类。

（3）给大客户留下发表意见和建议的空间。

大客户销售人员通过上述步骤可以较详细地了解大客户的需求。

5. 通过大客户的抱怨了解其需求

大客户购买产品或服务是为了解决自身需求问题。对企业来说，谁能先在大客户的抱怨中发现问题并解决问题，谁就能比竞争对手更有效地赢得大客户、占领先机。从这个意义上说，产品或服务不是没有市场，而是企业缺少发现市场的眼睛和发现市场的方法。

大客户销售人员不要总是认为大客户的抱怨是棘手的，理智地处理并从中发现大客户的真正需求是很有意义的。抱怨就是商机，大客户的抱怨对于企业来说未尝不是一件好事。虽然大客户的这种抱怨在一定程度上会阻碍企业与大客户的交易，但是大客户销售人员换一个角度思考就会理解，大客户的抱怨意味着其对企业产品或服务的不满，如果企业能真诚地从这种抱怨中吸取经验教训，尽力改善产品或服务的质量，就能够在更大程度上满足大客户的需求。

在竞争激烈的市场环境中，有些企业经常抱怨找不到商机。其实精明的企业早已从大客户的抱怨中找到了真正的商机。从本质上来讲，营销不是卖产品或服务，而是买进意见——企业根据大客户的意见不断改进，达到让大客户满意的目的，最后就买到了大客户的忠诚度。

总之，大客户是企业的重要销售对象，明确大客户的切实需求是企业做好大客户销售工作的前提。以上提供了确认大客户需求的具体方法。

关键点提示

企业了解大客户需求的方法有以下五种：

1.通过提问了解大客户的需求；2.通过倾听大客户的谈话了解其需求；3.通过观察大客户的非语言行为了解其需求；4.通过大客户业务需求联系单了解其需求；5.通过大客户的抱怨了解其需求。

2.3 如何收集大客户资料

工作场景描述

当企业想要了解如何收集大客户资料时，可查看。

解读与分析

充分了解大客户是对其开展销售工作的前提，企业了解大客户的基础工作是收集大客户资料。收集资料时，企业必须做好了解收集途径、确定收集内容以及资料筛选三个方面的工作。以下就各个步骤做具体介绍。

1. 了解资料收集途径

资料收集的途径是多样的，企业应根据自身大客户所处的行业确定相应的资料收集途径，这里列出了主要途径。

（1）大客户企业内部发行的刊物。大客户企业用于自身交流或学习的内部刊物往往最能够真实地反映大客户的情况。

（2）大客户的企业网站。大客户的企业网站上的很多内容对企业开展销售工作非常有帮助。

（3）大客户所属行业发行的刊物。这些行业性刊物中有关大客户的报道，能够真实反映其现有需求以及需求的未来发展趋势，有助于企业了解大客户。

（4）大客户所属行业主管部门网站。多数行业主管部门都已经通过“政府上网”工程建立了网站，网络上公布的一些信息对企业了解大客户来说非常重要。

（5）行业研究机构的学术文章及发行的刊物。行业研究机构能够站在第三方的角度客观、公平地对某些现象和问题做出评述，企业很可能从中了解到大客户的真实情况或需求。

（6）与大客户基层工作人员的交流。大客户基层工作人员对大客户的基本情况最为了解，通过与他们交流，企业能够直接、有效地深入了解大客户的具体情况。

2. 确定资料收集内容

企业要从各个方面了解大客户，主要有以下几方面。

（1）大客户的规模。

（2）大客户的增长潜力。

（3）大客户的财务稳定性。

（4）大客户所在行业的竞争程度。

（5）大客户在其领域内的市场地位。

（6）大客户的组织架构。

（7）大客户的联系方式。

（8）大客户内部产品或者服务的使用部门、采购部门和支持部门。

（9）大客户内部产品或者服务具体使用、维护人员，管理层和高层管理人员对同类产品或服务的使用状况。

3. 对收集的资料进行筛选

对有效信息和无效信息的筛选是了解大客户非常重要的环节，企业必须通过对收集的信息进行有效鉴别，以确定哪些信息是有用的，哪些信息是无用的。信息的筛选范围、筛选对象均要有实施纲要。一般来讲，筛选分为三个阶段。

（1）初步筛选，去掉根本无用的信息。

（2）入围筛选，确定有助于了解大客户的重要信息。

（3）多方位整合，对各类入围信息进行整合，找到它们之间的关联，描绘出大客户的真实“模样”。

收集大客户资料、全面掌握大客户信息是企业了解大客户的基础。本节提供了收集大客户资料的具体可行的办法，较详细地介绍了收集方式、收集内容以及筛选方法。

关键点提示

企业对大客户的资料进行收集时，主要从以下三个方面入手：

1.了解资料收集途径；2.确定资料收集内容；3.对收集的资料进行筛选。

2.4 如何吸引大客户

工作场景描述

当企业想吸引大客户而对具体措施不清楚时，可查看。

解读与分析

吸引新的盈利性大客户是提升企业利润的一种途径，这里给出了吸引新的盈利性大客户的策略。

1. 品牌策略

品牌是企业的一种无形资产，更是企业在市场中吸引大客户关注的一种手段。例如，提到电脑，人们一下子就会想到IBM，这说明IBM已经在包括其潜在大客户在内的消费者心目中留下了深刻的印象，它就可能会成为大客户首选的供应商。

企业运用品牌策略可以使自身的地位得到提高，还可以在与潜在大客户的谈判过程中占据有利地位。但是一个品牌的树立往往需要一定的时间，同时投入也非常大，因此此策略更适合具有雄厚实力的企业。

2. 早期渗透策略

运用这一策略吸引大客户时，要求企业对大客户的市场结构有清晰的了解。也就是说，对于大客户市场的构成，企业要有全面的掌握。例如，对于生产电信设备的企业来说，其应了解我国电信运营商的情况。

面对这样的大客户，企业吸引它们的一种手段是在大客户酝酿需求阶段就渗入大客户内部，帮助其分析需求、提供解决方案。企业通过这些活动可全面了解大客户，也会让大客户了解企业的实力，这样一来，吸引大客户的注意就不成问题了。

3. 争夺策略

所谓争夺策略，就是锁定竞争对手重要大客户的策略。这一策略的好处是不必过多考证这些大客户的盈利性，只要集中力量去吸引就行了。

企业要做的是吸引新的盈利性大客户，但有些时候，企业不大容易确定究竟谁才是盈利性大客户。也就是说，在没有与大客户建立联系时，企业很难了解它们能够给企业带来多少利润。在这种情况下，运用争夺策略吸引大客户是非常有效的。

盈利性大客户会给企业带来丰厚的利润，为求得更好的发展，企业不仅要积极巩固与原有的大客户之间的合作关系，更要注重潜在大客户的需求，吸引、开发更多的大客户，在此基础上增强企业的盈利能力。

关键点提示

企业吸引新的盈利性大客户的三个策略是：

1.品牌策略；2.早期渗透策略；3.争夺策略。

2.5 如何调查大客户的信用

工作场景描述

当企业想了解大客户的支付能力以及付款信用时，可查看。

解读与分析

当企业对大客户进行信用调查时，由于交易性质不同，金额大小有异，因此在调查的内容和程度上各有不同。企业要调查的内容主要包括以下六个方面。

1. 可靠度

大客户的可靠度是构成大客户信用的基本因素，企业可以从以下五个方面调查大客户的可靠度。

（1）大客户是否属于正当经营？是否从事正当的经营活动？

（2）实际负责人是谁。

（3）实际经营的时间。

（4）企业性质（独资或合资）。

（5）经营实权归属情况。

2. 可信度

可信度是指企业从财务角度调查、了解大客户的信用情况，企业应主要做以下两方面工作。

（1）总结该大客户以往付款情况。

（2）核实该大客户有无不良记录。

3. 经营状态

大客户现有的经营状态能够从侧面反映出该大客户未来的信用变化趋势，企业对大客户经营状态的调查主要涉及以下四点。

（1）营业状况。

（2）销售能力。

（3）营业额的大致范围。

（4）付款能力及态度。

4. 项目负责人的个人品行

项目负责人的个人品行为企业从侧面了解大客户的信用状况提供了一种途径，调查时企业可以从以下五个方面入手。

（1）家庭状况。

（2）学历。

（3）专长。

（4）声望。

（5）嗜好、兴趣以及交往人物类型。

5. 经营理念

大客户的经营理念能够从本质上反映出其发展前景，进而能够帮助企业了解其信用情况。全面了解大客户的经营理念是不可能的，企业可以从以下四方面对其经营理念进行归纳。

（1）经营方式。

（2）经营态度和观念。

（3）敬业程度。

（4）是否投资其他行业？如果投资了其他行业，是何种行业？

6. 基本情况

企业通过实地调查来了解大客户的基本经营状况、员工基本情况、员工情绪等。

根据以上信用调查内容，企业可设计“客户信用调查表”来评估大客户信用，再根据评估得分，将大客户划分成不同信用等级。对大客户进行信用调查是规避信用风险的基础，只有真正了解了大客户的支付能力，企业才能在销售以及后续合作过程中掌握主动权。以上总结了信用调查的六个方面，可以帮助企业更好地掌握大客户的信用状况。

当企业在实地调查中发现以下情况时，就需要怀疑该大客户的信用了。

（1）基本营业状况恶化——大客户的销售情形突然恶化，出现大量退货的情况，突然开始大量倾销，库存量锐增或锐减。

（2）员工方面发生较大变化——不断有人辞职，多数人抱怨、不满，员工无精打采，工作态度恶劣，经营管理者插手与自己毫不相关的业务。

关键点提示

企业了解大客户的信用时，主要从以下六个方面着手：

1.可靠度；2.可信度；3.经营状态；4.项目负责人的个人品行；5.经营理念；6.基本情况。

2.6　如何管理大客户的信用

工作场景描述

当企业想对大客户的信用进行管理时，可查看。

解读与分析

管理大客户信用是对收集到的大客户信用信息进行整理、加工并加以运用的过程，这一过程对规避信用风险至关重要。大客户的信用管理步骤如下。

1. 明确信用评估的标准

（1）回款率。这是一个基本指标。大客户以往的行为往往能够从侧面真实反映其信用状况。

（2）支付能力（还款能力）。有些大客户尽管回款率高，但由于其支付能力有限而必须降低其信用等级。如某大客户不欠本企业的货款，但欠其他企业的货款达几十万元，其他企业已将该大客户起诉至法院，这样的大客户的信用等级就要降低。

关注大客户的或有负债（由于败诉可能产生的负债）是全面了解大客户信用的重要途径。企业确定大客户的支付能力时主要看下列三个方面。

①资产负债率。如果大客户的资产主要是靠贷款和欠款形成的，则资产负债率较高，信用等级自然降低。

②经营能力。如果大客户的经营能力差，长期亏损，则支付能力必然降低。

③是否有风险性经营项目。如果大客户投资一些占压资金多、风险大、投资周期长的项目，则信用等级自然下降。

2. 划分大客户信用等级

划分大客户信用等级需遵循以下四个步骤。

（1）根据企业经营的实际情况，赋予各个指标不同的权重。

（2）根据实际调查的大客户情况对各个指标进行打分。

（3）计算大客户总的信用得分。

（4）根据大客户得分情况确定其信用等级，如由高到低分为A、B、C、D四类。

我国的企业信用等级体系正日趋完善，社会各界正在建立评估体系。因此企业在评估大客户的信用时，将有更多可以借鉴的标准，并可以通过专门的资料快速掌握大客户的信用状况。

3. 运用大客户信用等级

信用评价不是最终目的，最终目的是利用信用等级对大客户进行管理。企业要针对不同信用等级的大客户，采取不同的销售管理政策。

对A级大客户，在其资金周转偶尔有一定困难，或旺季进货量大、资金不足时，企业可以允许其有一定的赊销额度和回款宽限期，但赊销额度以不超过一次进货量为限，回款宽限期可根据实际情况确定。

对B级大客户，企业一般要求现款现货，但应该讲究艺术，不要过于机械，以免大客户难堪，应该在摸清大客户确实准备付款的情况下，再通知发货。

对C级大客户，企业一般要求先款后货，对其中一些有问题的大客户，坚决要求先款后货，并且要想好这个大客户流失后对该区域市场的补救措施。C级大客户不应列为企业的主要大客户，应逐步以信用良好、经营实力强的大客户取而代之。

对D级大客户，企业要坚决要求其先款后货，并在追回货款的情况下逐步淘汰此类客户。

4. 动态管理大客户信用等级

大客户信用调查不仅仅在选择新的大客户时才执行，也适用于以往给予信用政策的大客户，因为大客户的信用是不断变化的。如果不对大客户的信用状况进行动态评价，并根据评价结果及时调整销售政策，企业就可能由于没有对信用上升的大客户采取宽松的政策而导致其不满，也可能由于没有发现大客户信用下降而导致货款回收困难。

从上述四个方面可以看出，大客户信用管理不仅包括评估大客户的付款能力，还包括全面考察其经营状况并对评估结果加以动态利用。

关键点提示

企业可以运用以下四个步骤来进行大客户信用管理：

1.明确信用评估的标准；2.划分大客户信用等级；3.运用大客户信用等级；4.动态管理大客户信用等级。

2.7　如何管理大客户资料

工作场景描述

当企业想明确管理大客户资料的原则与方法时，可查看。

解读与分析

建档管理是指企业将客户的各项资料加以记录、保存并整理、分析、应用，借以巩固与大客户的关系，从而提升自己经营业绩的管理方法。

遵循科学的客户管理方法是管理好大客户的前提，也是确保企业营销信息系统正常运转的重要环节。对大客户资料进行有效管理能够帮助企业有效地与大客户保持密切联系，并发现潜在商机。企业进行大客户资料管理时必须建立客户资料档案，实行“建档管理”。其中，大客户资料卡是一种常用工具。以下详细介绍这种管理方法。

1. 大客户资料管理的目的

企业必须明确大客户资料管理的目的，以确保在执行过程中更好地贯彻服务大客户，提升企业利润的最终目标。大客户资料管理的目的包括以下几个。

（1）区别现有大客户与潜在大客户。

（2）利用大客户资料卡安排收款、付款计划。

（3）了解每个大客户的采购状况，并了解其交易习惯。

（4）当大客户代表请假或辞职时，接替者可以为该大客户继续服务。

（5）利用大客户资料卡订立高效率的具体访问计划。

（6）便于制订具体的销售政策。企业可根据大客户资料卡，缩小信用度低的大客户的交易额。

企业应妥善保管大客户的资料，避免将其泄露给竞争对手。

2. 大客户资料卡的内容

大客户资料卡应包含以下四个方面的内容。

（1）基本资料。大客户的基本资料包括客户名称、地址、电话、所有者、经营管理者、法定代表人、创立时间、企业组织形式和资产状况等。

企业不定期联络大客户，不但可以加深彼此间的关系，而且有助于发现大客户资料的变更。

（2）大客户特征。大客户特征主要包括服务区域、销售能力、发展潜力、经营观念、经营方向、经营政策、企业规模和经营特点等。

（3）业务状况。业务状况主要包括销售实绩、经营管理者和业务员的素质、与其他竞争对手之间的关系、与本企业的业务关系及合作态度等。

（4）交易状况。交易状况主要包括大客户销售现状，存在的问题，保持的优势，未来战略，形象、声誉、信用状况和交易条件等。

3. 大客户资料卡的管理

大客户销售人员第一次拜访大客户后要立即填写大客户资料卡，随着时间的推移，大客户销售人员应注意对其进行完善和修订。大客户经理应协助和监督大客户销售人员做好大客户资料卡的建档工作，对其进行妥善保存并在开展业务过程中加以充分利用。企业对大客户进行建档管理时应注意下列事项。

（1）拜访大客户后立即填写大客户资料卡。

（2）完整填写卡上的各项内容。

（3）大客户经理应指导大客户销售人员及时更新资料卡。

（4）最好在办公室设立专用档案柜放置大客户资料卡，并委派专人保管。

4. 大客户资料卡的运用

大客户经理应关注大客户资料的建档管理，并注意利用（或监督大客户销售人员利用）大客户资料卡。下面是对大客户经理在运用大客户资料卡方面的具体要求。

（1）提醒大客户销售人员在拜访大客户前按规定参考资料卡上的内容。

（2）要求大客户销售人员拜访时，只携带当天访问的大客户的资料卡。

（3）要求大客户销售人员拜访回来时交回大客户资料卡。

（4）应参考大客户资料卡，拟订年度区域销售计划。

（5）将填写大客户资料卡视为评估该大客户销售人员绩效的一个重要项目。

5. 通过数据库管理大客户资料

有条件的企业可以考虑建立大客户数据库，来动态地管理大客户资料，这样做将使上述资料的管理过程更加便捷、安全。

企业针对大客户建立的数据库要为企业不同成员设置不同的查询权限。例如，高层决策者的查询权限应该很大，也就是说，可以查询到他们想得到的所有内容，而普通大客户销售人员除了查询工作所需的资料外，是不能查询其他信息的。设置查询权限有助于大客户资料保密，大客户资料不会轻易地从企业内部泄漏出去。

建立大客户数据库一般有以下五个步骤。

（1）确定对所需信息的查询、管理功能。

（2）确定使用哪种数据库。

（3）确定数据库的整体结构。

（4）确定每张表的索引/关键字段。

（5）建立各表之间的联系。

大客户资料对于企业来说是宝贵的信息资源，企业有效管理大客户资料是充分利用其价值的前提。企业只有谨慎小心、时时更新，做到“人无我有，人有我新”，才能让这些信息资源在大客户销售工作中发挥最大的效用。

关键点提示

企业对大客户资料进行管理时应从以下五个方面着手：

1.明确大客户资料管理的目的；2.明确大客户资料卡的内容；3.明确大客户资料卡的管理方法；4.明确大客户资料卡的运用方式；5.通过数据库管理大客户资料。

2.8 如何认识大客户的采购流程

工作场景描述

当企业要认识大客户的采购流程时，可查看。

解读与分析

大客户的采购流程是大客户需求得到满足的全过程。成功的大客户销售需要在了解大客户采购流程的基础上对重要环节加以影响，以达到促进销售的目的。这里归纳了大客户采购流程的框架，有助于企业把握大客户的采购特点。

1. 发现需求

在大客户采购过程中，大客户销售人员的首要任务是发现需求。在大客户内部产生需求的是使用部门，适时刺激大客户使用部门的需求，有助于大客户销售人员开展大客户销售活动。

2. 内部酝酿

发现需求后，使用部门会提出购买请求，技术部门、财务部门要做出评估，最后由决策者对是否需要进行采购做出决策。

3. 系统设计

在系统设计过程中，通常由大客户使用部门和技术部门对具体需求做出分析，再为这些需求拟定具体性能指标。

4. 评估比较

大客户将性能指标确定以后，会以标书的形式发布出来，采购流程进入评估比较阶段。随后，大客户会以性能指标为基础与供应商讨价还价，评估比较无论是对于大客户还是对于供应商来说都非常重要。

5. 购买承诺

所谓购买承诺，就是大客户与某一供应商就某种产品签订最终购买合同，也就是说，某一供应商从大客户处拿到了订单。

6. 产品交付

在这一阶段，进行产品的交付。这个阶段，供应商与大客户的角色发生了微妙的变化，大客户会主动地与供应商联系，使得其能够准时交货，按进度施工，兑现承诺。

发现需求、内部酝酿和系统设计可以看作传统意义上的购买前期，而评估比较、购买承诺以及产品交付则可以看作购买后期。

这里主要分析了大客户采购的一般流程，顺便指出一点，各类大客户采购的具体过程也是大客户信息收集的一个重要方面。在实际中，影响大客户采购行为，获得满意的最终结果，才是最重要的，后面的实践练习可能会给大客户销售人员以启示。

关键点提示

企业要想认识大客户的采购流程，主要应从以下几个方面入手：

1.发现需求；2.内部酝酿；3.系统设计；4.评估比较；5.购买承诺；6.产品交付。

2.9 如何认识采购过程中的参与者

工作场景描述

当企业需要了解大客户采购过程中的不同参与者及其职能时，可查看。

解读与分析

在大客户采购过程中，会有很多参与者对大客户的决定产生影响，明确这些参与者及其各自的职能将会使企业大客户销售人员以后的工作有的放矢。一般来讲，大客户销售人员可对大客户采购的参与者进行分类，并应对其采取不同的对策。

1. 对参与者进行分类

（1）使用者。他们是大客户组织内部具体使用产品或服务的人员。一般而言，使用者会根据自身的需求提出购买申请，并协助制订产品或服务的各项指标。

（2）技术人员。他们的职责是确定产品各项指标，提供评价方案的具体信息。因此，他们在制订产品各项指标过程中起着重要的作用，甚至决定了一家企业是否能够入围。大客户销售人员应尽早与技术人员取得联系，为他们提供相关信息，取得他们的信任和认同，这将会使最终制订的各项指标更有利于自己所在的企业。

（3）财务人员。他们负责审批资金，对采购方案的可行性给出参考意见。

（4）采购人员。他们具体负责对外招标、采购，有权选择企业并进行交易谈判。他们是企业经常接触的大客户组织成员。

（5）决策者。他们是拥有最终决定权的人，有权决定是否购买和购买哪一家的产品或服务。在采购过程中，他们参与的时间很短，但是每次参与时都要做出决定。

（6）影响者。这一类参与者的身份很特殊，他们似乎并不直接参与采购过程，但是他们的行动会影响企业能否成功接近大客户。这一类参与者可能是大客户方面的接待人员或客户服务人员，他们可以阻止大客户销售人员与使用者或决策者接触。

影响者的身份如此特殊，但是我们往往忽略了他们的存在，使原本准备得很充分的销售工作无法正常进行下去。为了更好地开展工作，大客户销售人员应该掌握一些与他们接触的方法，以便后续工作顺利进行。

首先，大客户销售人员不能忽视他们的地位，应对其给予应有的关注；其次，当大客户销售人员与大客户的接触因影响者而受到阻挠时，应该做到以下几点：①不急不躁，不要自乱阵脚；②对自身要有信心，要相信这不过是一个小困难，能够克服；③保持有礼有节的态度，给对方施加压力；④当实在无法与影响者交流时，适时地寻找其他接触途径，绕开影响者。

2. 策略

大客户销售人员在打算接近一位大客户时，必须对大客户内部各个团体的态度和立场进行定位，分清谁是反对者，谁是支持者，谁是中立者。认识其各自角色的目的在于战胜反对者，团结支持者，争取中立者。为此，大客户销售人员要进行“分化瓦解”。为达到这个目的，大客户销售人员可选择的策略有以下三点。

（1）通过补偿反对者所遭受的损失，使他们保持中立。

（2）将支持者组成一个联盟，从而使分散的个别力量变为集合在一起的力量。

（3）把中立者转变为支持者。可通过施加影响或酬谢等方式，将持中立态度的团体转变为支持者。

大客户的采购过程在某种程度上即企业向大客户销售的过程。这里主要分析了大客户采购过程中可能的参与者及其职能，介绍了怎样与这些参与者沟通，但要想获得大客户采购的满意结果，大客户销售人员还有很多扎实的工作需要做。

关键点提示

大客户采购过程的参与者主要有以下几种类型：

1.使用者；2.技术人员；3.财务人员；4.采购人员；5.决策者；6.影响者。

2.10 如何应对影响大客户采购的因素

工作场景描述

当企业需要有的放矢地应对影响大客户采购的因素时，可查看。

解读与分析

大客户采购过程复杂，诸多因素会对最终采购结果造成影响，这里归纳了几种主要影响因素。企业把握好这些影响因素，有利于制订应对方案，使销售过程更加顺利。

1. 政策环境

（1）分析。各国政府采取的对企业营销活动有重要影响的政策和干预措施主要有以下五种。

①进口限制。进口限制是指政府所采取的限制进口的各种措施，如许可证制度、外汇管制、关税和配额等。它包括两类：一类是限制进口数量的各项措施，一类是限制其他国家或地区的产品在本国市场销售的措施。政府进行进口限制的主要目的在于保护本

国产业，确保本国企业在市场上的竞争优势。

②税收政策。政府在税收方面的政策措施会对企业的经营活动产生影响，比如对某些产品征收特别税或高额税，就会使这些产品的竞争力减弱，就会影响经营这些产品的企业的效益。

③价格管制。当一个国家出现经济问题时，如经济危机等，政府就会对某些重要物资，乃至所有产品采取价格管制措施。政府实行价格管制的目的通常是保护公众利益，保障公众的基本生活，但价格管制直接干预了企业的定价决策，会影响企业的营销活动。

④外汇管制。外汇管制是指政府对一切外汇业务所实行的管制。实行外汇管制时，政府往往会对外汇的供需与使用采取限制性措施。外汇管制对企业营销活动，特别是国际营销活动将产生重要的影响。例如，实行外汇管制会使企业生产所需的原料、设备和零部件不能自由地从国外进口，企业的资金也不能或不能随意流入或流出母国。

⑤国有化政策。政府由于政治、经济等原因，可能会将某些企业收归国有。例如，政府为了保护本国产业免受外国势力干扰，将外国企业收归国有。

（2）应对策略。政府会对市场进行宏观调控，企业应时刻关注政策环境，及时了解政府的相关政策，做好前期准备工作，这样做能对今后交易中可能出现的问题做出及时处理。

2. 经济环境

（1）分析。大客户会密切关注当前和未来的经济环境，因为经济环境将直接影响一个企业的经营情况。例如，在经济疲软期，大客户会相应地下调自己在设备购置等方面的投入。

（2）应对策略。企业要把握整个经济环境和大客户所在行业的情况，并在此基础上针对具体情况做出销售计划。例如，在经济疲软期，企业不宜花费太大精力对大客户开展推销活动，工作重点应放在保持其原有份额上。

3. 执行采购任务组织的结构

（1）分析。大客户会根据自身特点和采购目的建立不同的采购组织，以完成采购任务。这些执行采购任务的组织如采购部和采购小组等。

（2）应对策略。不同的采购组织有其自身不同的特点。企业要在了解不同采购组织特点的基础上充分发挥自身优势。例如，面对采购部时，企业要格外小心，因为这一部门是由人数较少但专业素质较高的采购员组成，本企业的大客户销售人员应具有较高的业务能力和丰富的销售经验。

4. 文化因素

（1）分析。地域文化与企业文化背景会对采购产生一定的影响。

（2）应对策略。企业应充分了解当地地域文化和大客户的文化背景，顺应这些差异行事。

5. 采购员的个人因素

（1）分析。在整个采购过程中，不同的采购员会有自己的偏好和动机，这同采购员的年龄、收入和受教育水平等有关。例如，有些受过良好教育的年轻人在担任采购员时，会注重对新技术的应用，对供应商的方案进行周密的分析。

（2）应对策略。首先，大客户销售人员应确定大客户采购中不同采购员的分工，找到最终决策者等重要人物；其次，根据收集到的背景资料对重要人物的性格进行分析；最后，对重要人物施加影响。例如，面对那些注重技术分析的采购员，提供的方案应更具条理，便于他们理解和分析。

总之，大客户销售人员不仅要有较强的信息收集能力，而且要有较宽的知识面，对社会经济状况、地域文化和人的行为心理特征等方面要有一定程度的了解，并能将其灵活运用到大客户销售过程中去。

关键点提示

影响大客户采购的因素包括以下五种：

1.政策环境；2.经济环境；3.执行采购任务组织的结构；4.文化因素；5.采购员的个人因素。

2.11　如何利用市场细分法确定企业的大客户

工作场景描述

当企业想利用市场细分法确定大客户时，可查看。

解读与分析

企业确定大客户的方法有很多，市场细分法是其中的一种。市场细分法的理论比较成熟，利用这一方法确定企业大客户是一种比较流行的方法。利用市场细分法确定企业大客户时有以下两个步骤。

1. 掌握市场细分的一般方法

（1）按照行业对市场进行细分的方法。目前最常使用的是SIC代码（标准产业分类代码）。SIC代码是一种层级数字分类系统代码。它首先将所有的经济活动分为第一类别（例如农业、建筑业等），然后将每一种活动进一步划分为第一群体，每一群体都用两位数字表示，例如，35代表制造业这一大类中的通用洗衣机及设备行业。第一群体又细分为第二群体，也就有了3位代码。例如，357代表35这个第一群体下的办公、计算机和会计机器第二群体。根据这一准则可以衍生出更细的行业分类，例如，3572 代表打字机生产商。

（2）按照客户追求的利益对市场进行细分的方法。不同的客户追求的利益不同，按照不同的利益对市场进行细分时，可以将以下六个因素作为标准。

①价格。

②产品或服务的特性。

③对交货情况的要求。

④产品的服务。

⑤对销售的支持工作。

⑥进行销售的范围。

（3）其他方法。其主要有以下细分标准。

①客户购买量。一些客户购买量很大，一些客户购买量很小。在很多情况下，企业需要根据客户购买量的大小来细分市场，并根据客户购买量的不同，采用不同的营销组合策略。比如，对于大客户，企业宜直接联系，直接供应，在价格、信用等方面给予其更多优惠；而对众多的小客户，企业宜使产品进入商业渠道，由批发商或零售商去组织供应。

②产品的最终用途。产品的最终用途也是市场细分标准之一。大客户购买产品，一般都是供再加工之用，对所购产品通常都有特定的要求。比如，同是钢材用户，有的需要圆钢，有的需要带钢；有的需要普通钢材，有的需要硅钢、钨钢或其他特种钢。此时企业可根据大客户的要求，将要求大体相同的大客户集合成群。

③购买方式。购买方式不同，其采购数量、决策过程等也不同，因而企业可将整体市场细分为不同的市场。

（4）通过聚类方法形成细分市场。通过上述方法对市场进行细分之后，可能出现的一种情况是有的细分市场中客户的数量太少，为了节约成本，企业需要将这些市场进一步聚类，得到最终的细分市场。市场聚类共有以下五个步骤。

①确定聚类的标准。聚类的标准一般为两个，即不同的客户对产品性能的要求和对

经济性的要求。

②根据聚类标准画出二维坐标系，例如，将横轴作为对性能的要求，将纵轴作为对经济性的要求。

③规定坐标轴的正方向。例如，将向右的方向表示为对性能的要求越来越高，将向上的方向表示为对经济性的要求越来越高。

④将得到的各种较小的细分市场按照聚类标准填入二维坐标系。

⑤根据具体情况将相邻的较小的细分市场划为一类细分市场。

2. 在市场细分的基础上识别大客户

了解了市场细分法后，接下来企业要做的就是确定大客户，具体步骤如下。

（1）列出通过市场细分得到的各个细分市场。

（2）考察每一个细分市场中最重要的客户。

（3）确定对不同细分市场中重要客户进行横向比较的标准，例如将客户的采购规模、为企业创造的利润等作为标准。

（4）对每一个细分市场中的重要客户进行横向比较，得到的就是企业最终确定的大客户。

简而言之，企业进行市场细分就是找出具有相近特征的客户群体。运用市场细分法来寻找目标大客户的好处是：简便，易于实施，而且不会遗漏大客户。

关键点提示

利用市场细分法识别企业的大客户时，应遵循以下两个步骤：

1.掌握市场细分的一般方法；2.在市场细分的基础上识别大客户。

2.12 如何评价与一个大客户的关系

工作场景描述

当企业想评价与一个大客户当前的关系时，可查看。

解读与分析

企业在决定是否进一步发展与某一大客户的合作关系时，一定要考虑发展与这一大客户的关系是否能提高销售量。此外，企业还应明确该大客户是否已经被竞争对手完全控制。企业在评价与一个大客户的关系时，一般可以遵循以下几个步骤。

1. 掌握评价标准

企业在评价与大客户的关系时，首先应确定评价的标准，可以参考以下标准。

（1）在该大客户的业务中本企业所占份额。

（2）在该大客户的业务中竞争对手所占份额。

（3）在过去一段时间内，本企业所占份额的变化情况。

（4）大客户对本企业产品的依赖程度。

（5）大客户对本企业提供服务的印象。

（6）大客户对本企业产品价格竞争力的评价。

（7）本企业与大客户建立关系的时间。

（8）大客户对本企业的态度。

2. 掌握评分的具体步骤

（1）制订指标。首先要根据上述给出的标准，参照企业的具体情况，确定一系列评价指标。

（2）确定权重。在确定评价指标的基础上，根据各个指标的相对重要程度确定它们的权重。企业在确定权重过程中，应遵循以下三个原则。

①权重应为小数，如0.25。

②所有权重之和应为1。

③越重要的指标，赋予的权重应越大。

（3）给每个大客户打分。企业在打分过程中，应针对每一个指标进行打分。

（4）得到每个大客户的最后得分。将每一项的具体得分乘以该项的权重，并将结果相加，就得到了某一大客户的最后得分。

3. 对每一大客户的得分进行分析

评分并不是最终目的，关键是企业要能从得分中得出与大客户关系的评价。这里给出两种对得分进行分析的方法。

（1）标准分法。企业可以根据以往的经验并参照同行业其他企业的做法，确定与大客户关系的标准分。当大客户得分在标准分以上时，企业就可认为与这一大客户的关系还有进一步发展的可能；若某一大客户的得分低于标准分，企业就可认为在目前的情况下企业与它的关系不能进一步发展。

（2）对比法。企业也可以通过横向比较对每一大客户的得分进行分析，具体做法如下。

①确定客户关系坐标轴的正方向，例如将向右的方向确定为与大客户关系越来越紧密的方向。

②将每一大客户的得分标记在坐标轴上。

③位置靠近坐标轴正方向的大客户，就是与其关系发展潜力较大的大客户。

本节主要讲述了企业与大客户关系状况的评估方法，提出了相应的评估标准，大客户销售人员在实际工作中可参考使用。

关键点提示

企业在评价与一个大客户的关系时，应遵循以下三点：

1.掌握评价标准；2.掌握评分的具体步骤；3.对每一大客户的得分进行分析。

2.13 如何计算一个大客户带来的预期利润

工作场景描述

当企业想了解一个大客户所能带来的利润时，可查看。

解读与分析

在接近大客户之前，企业有必要了解这一大客户在未来能为企业创造多少利润。尽管这一预期往往不够精确，但是通过对大客户的预期盈利能力进行分析，企业能够从趋势上对大客户未来可能为企业创造的利润进行把握。以下是企业计算大客户带来的预期利润时需掌握的要点。

1. 掌握计算时可能用到的指标

（1）大客户的年消费额。这一指标是指某一大客户一年中用来采购企业提供的产品或服务的金额。

（2）总收入。这一指标是指企业从某一大客户处获得的总收入，也就是在扣除酬金、销售折扣等费用之后，企业得到的收入。

（3）与大客户进行接触的费用。企业在与大客户达成交易的过程中，不可避免地要产生相关费用。这些费用包括以下几种。

①促销和广告费用。

②演示费用。

③销售费用。

④订货、送货费用。

⑤安装费用。

⑥培训费用。

⑦售后服务费用。

⑧特殊客户管理费用。

人们在研究过程中发现了一个有趣的现象：面对两组情况相似的客户，接触费用竟会产生巨大的差异。客户接触费用的巨大差异，一方面说明企业对不同客户的资源投入是不同的，另一方面，昭示着企业应该锁定那些接触费用低但消费额并不小的客户，以增加企业的利润。

（4）交易关系持续时间。预计交易关系持续时间，对于确定大客户预期利润至关重要。预计交易关系持续时间时，企业可以遵循以下方法。

①计算交易关系平均持续时间，如1年、3年或5年等。

②对大客户进行调查，由此可以得到与哪些大客户的交易关系持续时间低于平均持续时间。

交易关系持续时间的长短对大客户创造利润的影响非常大，比如：一位经常乘飞机的乘客，10年内会给英国航空公司创造2万多英镑的收入；一名普通消费者，如果只消费可口可乐而不购买百事可乐的话，他一年带给可口可乐公司的收入约是300美元。

2. 掌握计算大客户带来的预期利润的方法

（1）通过年消费额确定大客户带来的预期利润。其计算公式为：

大客户带来的预期利润=（大客户带来的年消费额–接触成本）× 交易关系持续时间

（2）通过总收入确定大客户带来的预期利润。其计算公式为：

大客户带来的预期利润=（总收入–接触成本）× 交易关系持续时间

大客户对于企业而言是非常重要的，影响着企业的市场份额、销售业绩和未来的发展方向。对大客户给企业带来的利润进行量化，提出大客户带来的预期利润的计算方法，目的是使企业在与大客户合作时有的放矢，完成预期目标。

关键点提示

企业在计算一个大客户带来的预期利润时，要从以下两方面入手：

1.掌握计算时可能用到的指标；2.掌握计算大客户带来的预期利润的方法。

2.14 如何与大客户进行首次接触

工作场景描述

当企业要与大客户进行首次接触，但对具体方式不清楚时，可查看。

解读与分析

与大客户首次接触是大客户销售的关键环节，在接触之前，企业应对各种接触方式有全面的了解。这里给出三种常见方式以及各自的特点。

1. 通过销售信函接触大客户

销售信函是与大客户进行首次接触的方式之一。

（1）一封旨在接触大客户促进销售的信函应满足以下要求。

①目的明确。信函要给人稳重的感觉，用简洁的句子让大客户明确大客户销售人员的目的。

②像与老朋友谈话一样写信。这样会使大客户觉得大客户销售人员更有人情味，易于传递感情。

③写短句。句子越短，越容易被理解，就越吸引人。

④避免使用过于专业的术语。专业术语最好用容易理解的文字来表达。

⑤强调大客户的地位。每个组织都希望得到尊重，大客户也不例外。

⑥要求回应。在信函中出现“请您……回电”这样的语句会提醒大客户做出回应。

⑦保持主动性。信函接触的目的是对话，在信函中写明“如果您不反对，我们将在××日××时给您打电话/上门拜访”这类语句，可以达到进一步接近的目的。

（2）通过信函接触大客户的优缺点：通过信函接触大客户的优点是成本较低，只需等待，不需要花费差旅费用；缺点是互动性差，不能及时得到反馈。

2. 通过电话接触大客户

（1）通过电话接触大客户的注意事项。

①保持积极的心态。克服对电话接触的恐惧，保持好心情会使工作更加顺利。

②做好准备。电话要简短，应有一个固定的流程，大致为：问候→介绍→打电话原因→预约建议→致谢并祝愿。

③制订具体的接触目标。大客户销售人员要想在电话里完成产品或服务的宣传是不可能的，因此，打电话的唯一目的就是预约见面。在通话过程中，大客户销售人员要不断提醒自己：尽快提出会面建议，始终坚持会面建议。

④保持愉悦的谈话气氛。大客户销售人员在打电话前一定要做好准备，至少要避免以下情况出现：言语不清楚、手头无资料、使用烦琐的句子结构，不能对异议做出迅速反应等。被陌生人的电话打扰并不是一件令人愉快的事情，因此，大客户销售人员要充分理解大客户可能表现出的生硬态度，要用快乐感染大客户。

⑤引发会见欲望。由于电话接触的目的在于与大客户会面，因此询问要减至最低限度。理想的状况是，大客户在电话里很好奇，引发会见欲望，进而使得预约成功。

⑥确定大客户采购的决策者。预约也许已经实现了，但是在会见什么人这一问题上还得下一点功夫。只有找到决策者或是对决策有重要影响的人员，才能保证未来的会见

效率高。

（2）出现异议时的解决方法。运用电话与大客户进行接触，可能遇到的一个问题是在电话中大客户提出异议。以下是经常出现的异议以及解决方法。

①“我们不需要！”大客户这样说的原因可能是目前毫无兴趣与我们坐下来探讨，对于我们来说，此时最重要的任务就是：激发大客户的需求。

大客户销售人员可以通过以下方式缓解此时的紧张气氛：“先生/女士，我们明白您的意思。虽然目前尚未涉及此事，但一旦贵单位有这方面需要的话，我们希望您能找到最佳的产品来源。”

②“我们很忙，没时间！”如果客户不愿意为我们抽出时间的话，则表明他们可能此前已有其他优先考虑。此时，我们就要使自己的请求获得优先权。

大客户销售人员可以通过以下方式继续通话：“我们知道您时间很紧，要不然我们另约一个时间？您觉得×月×日×时合适吗？”。

③“我们对现在的供应商很满意啊！”任何满意都不是永远的，当客户对现有供应商不满意时，就是我们扩大销售的大好时机，接触大客户的目的就是寻找这样的时机。

大客户销售人员可以通过以下方式展开谈话：“我们了解这一点，但请给我们一个介绍自己的机会，以便您重新审视您的供应商。”

④“太晚了，我们已经决定了。”只要大客户没有最终在合同上签字，我们就还有机会。无论如何，要为未来敞开大门。

处理这一异议的方式可以是：“如果您同意会见，请允许我们为您的下一个项目提供一些建议，我们将非常高兴。您觉得什么时间合适？是×月×日，还是×月×日？”

（3）通过电话接触大客户的优缺点：通过电话与大客户进行接触的优点是成本比较低，而且每次都能得到大客户的回应，每天可以进行多次通话；缺点是拒访率较高，对方当时的情绪往往直接影响接触效果。

3. 通过电子邮件接触大客户

电子邮件是现代商务常用的一种通信方式。互联网使以下情况成为现实：向计算机中输入几行写给客户的信息，在发送后很短的时间里就传到客户那里了，客户只需抽出时间来阅读邮件即可。电子邮件的特点是快速、便捷、人性化。

总之，大客户销售人员与大客户首次接触时要准备充分，尽量给对方留下美好的印象，这是后续业务往来和建立合作关系的良好开端。在首次接触过程中，大客户销售人员应使大客户对企业有一定程度的了解，建立初步的信任关系，这一点对于企业来说很重要。

关键点提示

大客户销售人员可以通过以下三种方式与大客户进行首次接触：

1.通过销售信函接触大客户；2.通过电话接触大客户；3.通过电子邮件接触大客户。

2.15　如何争取与大客户的会面机会

工作场景描述

当企业需要与大客户会面却没有机会时，可查看。

解读与分析

对于大客户销售人员来讲，争取会面需要技巧。争取与大客户会面机会时，大客户销售人员应遵循以下原则。

1. 确定正确的会面对象

大客户销售人员必须明确要会见的人是谁。如果大客户销售人员事先没有调查清楚、准备妥当，那么很可能会把时间浪费在无关紧要的人身上。

2. 辨别会面对象的类型

大客户销售人员在确定会面对象后，接下来要研究一下这个人，以决定对其该运用的战术，即用什么方法能取得更好的效果，什么方法行得通。为了方便了解不同性格的大客户，我们把他们分成八大类，对每一类大客户给出基本的应对方法。

（1）普通型大客户——这一类人占所有大客户的60%～70%，他们是不难应付的，虽然他们有点主观，却很诚恳。他们爱做决定，喜欢发表意见。大客户销售人员应多取悦他们，多为他们服务。

（2）冲动型大客户——这种人很普遍，他们脑筋灵活，精力充沛，不难和他们接触。只要大客户销售人员说话时客气礼貌，一定会受到欢迎。同时，大客户销售人员说话时绝不能含糊，因为他们是极爽快的人。

（3）“让我考虑一下”型大客户——他们很可能需要和其他人商讨一下才能做出决定。因此，耐心是必需的。给他们一些时间，或许便能促成一次会面。

（4）自大型大客户——对这类大客户要非常小心。他们自负、敏感且非常主观，切勿和他们辩论，一切都要顺从他们，对他们的意见、言论尽可能地表示赞同。这样做，或许能争取到会面机会。

（5）友善型大客户——他们善于交谈，非常友善，但千万不要以为与他们打交道很容易。相反，他们是较难应付的一种大客户。应该让他们尽情说话，不要冲撞他们，一有机会，就要把话题转到正式会面上去。最后，要用决定性的问题使他们做出决定，例如：“您觉得是周五会面，还是下周一会面比较方便呢？”

（6）呆板型大客户——这是最难应付的一种大客户，与他们会面好像全无希望，有时甚至令人气恼。唯一的方法就是利用机会，让他们亲身体验产品或服务，他们满意后，或许会愿意会面。

（7）粗鲁型大客户——许多大客户销售人员都非常害怕和他们接触，因为他们行为举止非常粗鲁，言语会使人感到不舒服。但是从另一个方面考虑，他们的粗鲁也会吓走其他人，这也许正是一次难得的机会。我们很可能谈成一笔大生意，得到意想不到的收获。

（8）隐形大客户——有些大客户是完全拒绝见人的。此时大客户销售人员要绕过障碍。不妨考虑一下请销售经理直接联络其领导，要求安排一次会面。当然，他们可能会被激怒，因为他们是受“老板之命”来见你的，这样，与他们会面的时候，就得更加小心应对了。

3. 采用一定的笼络手法

大客户销售人员在谋求与大客户会面的机会时可能需要其他人的帮助。大客户方的工作人员，每一个人都可以提供帮助。但是，他们会伸出援助之手吗？那就要看大客户销售人员的表现了！大客户销售人员得笼络他们，使他们成为自己的朋友，但也应保持引领者的地位，而不要被他们牵着鼻子走。

总之，与大客户面对面地商讨一直是大客户销售工作的重头戏。这种面对面的交流是赢得大客户认可的起步阶段，也是与大客户进一步合作的敲门砖。因此，对于大客户销售人员来说，如何争取会面机会就显得尤为重要。本节主要介绍了与大客户会面的准备工作以及基本的会见原则，可拓展大客户销售人员的思路。大客户销售人员还可以挖掘一些灵活的渠道，以积极的态度争取与大客户会面的机会。

关键点提示

大客户销售人员争取与大客户会面机会时应遵循以下三个原则：

1.确定正确的会面对象；2.辨别会面对象的类型；3.采用一定的笼络手法。

2.16 如何首次拜访大客户

工作场景描述

当要首次拜访大客户时，可查看。

解读与分析

好的开始是成功的一半，大客户销售人员对大客户的首次拜访对于今后的销售工作有着重要的意义。首次拜访大客户时，应从以下三个方面入手。

1. 保持良好的个人形象

从做人的角度来说，以貌取人虽不可取，但是大客户销售人员每天都要拜访大客户，个人仪表形象还是非常重要的。

例如，专业的男性大客户销售人员，应至少准备两套质地较好的西装，几件干净、熨烫平整的白色或蓝色衬衣，几条比较高级的领带，一双整洁的皮鞋等。女性大客户销售人员的头发要梳理整齐，化淡妆，没有化妆不要拜访大客户，衣服要穿套装。

举个例子，某大客户销售人员是一位美籍华人，他在拜访大客户时，会戴上一个醒目的领结。戴领结在西方是非常庄重的打扮，结果，大客户感到自己受到了尊重，对他的印象非常深刻。

2. 精彩的开场白

精彩的开场白会令大客户为之一振，同时也会令其对企业及产品或服务产生良好的第一印象。引人入胜的开场白要做到以下六点。

（1）简洁友好的问候。例如，一句轻松悦耳的“早上好”就足以把大客户引到积极的氛围中。不要泛泛地谈论天气以及个人爱好，除非这一话题能够激发大客户的兴趣。

（2）自我介绍。用“我是……公司的”进行自我介绍，比用“我的名字是……”进行自我介绍，会更让大客户舒服。

（3）真诚地认同客户。针对客户的一些表现或者客户针对企业产品服务提出某些看法，销售人员应站在客户角度给予恰当回应，要让客户感受到“这完全是我们的原则”的心理共鸣，这也必然拉近与客户的关系，使客户产生彼此是一个利益整体的感觉。

（4）对大客户的反应有所回应。当大客户提供一把椅子或一杯水时，销售人员应积极接受，让大客户感受到销售人员也需要他们的帮助，这将给大客户留下正面的印象。

（5）郑重地交换名片。交换名片时，销售人员应将对方名片认真地拿在手上，让大客户认识到销售人员对他们的尊重。

（6）使用以大客户为中心的称谓。称谓是谈话的基础，“我想……”是以“我”为中心的称谓，“您觉得……”才是以大客户为中心的称谓。使用以大客户为中心的称谓能够让大客户感受到自己被尊重和重视，认为自己是交流的中心。

3. 进入议题，开展销售

拜访的最终目的是开展销售，了解大客户需要什么并适时提出建议是拜访要完成的任务。大客户销售人员在给出建议前应认真思考，以免因建议不当导致拜访失败。

（1）询问。大客户销售人员的职责是帮助大客户进行采购，大客户则要花钱达到他们的商业目的。因此，大客户销售人员应站在大客户的角度，从大客户的需求出发来分析和提问。提问的技巧说起来简单，实际上却是一门复杂的学问，大客户销售人员可以通过专门的培训来学习提问的技巧。

（2）倾听。大客户销售人员在倾听过程中，不仅要把握大客户谈话的主旨，还要适时地做出反应，让大客户知道自己的陈述得到了回应。

（3）建议。深入了解大客户后，大客户销售人员就可以给大客户提供建议了。在给出建议之前，大客户销售人员首先应认可大客户、称赞大客户；然后，对大客户的要求做进一步的论证；最后给出合理的建议。

总之，首次拜访大客户是在进一步地接触大客户，这一过程有很多学问，也需要注意很多问题。大客户销售人员要尽力做到言行得体、灵活应变、诚恳大方，同时可适当地将企业文化传递给大客户，使其对企业有良好的印象，从而为进一步的合作铺平道路。

关键点提示

大客户销售人员对大客户进行首次拜访时，应从以下三个方面入手：

1.保持良好的个人形象；2.精彩的开场白；3.进入议题，开展销售。

2.17 如何为大客户提供信息

工作场景描述

当企业想要更好地为大客户提供信息，赢得大客户信赖时，可查看。

解读与分析

接近大客户的目的之一是为大客户提供采购所需的信息。大客户在进行采购时需要多方面的信息，其中一部分是与企业提供的产品或服务直接相关的。本节从信息的内容和提供途径两个方面介绍为大客户提供信息的方法。

1. 掌握需提供信息的内容

（1）产品或服务价格。

（2）产品或服务性能。

（3）产品或服务符合的国际或国内标准。

（4）产品或服务得到的有关方面的认证。

（5）产品或服务能够给大客户带来的利润。这是一个很关键的信息。大客户进行采购的最终目的是获得利益。如果企业能够为大客户提供一种能为他们带来丰厚收益的产品或服务，那么这种产品或服务必将成为大客户的首选。

2. 掌握提供信息的途径

（1）进行产品或服务示范。产品或服务示范能使大客户对企业提供的产品或服务有一个感性认识，若运用得当，就能够给大客户留下深刻印象，为今后的销售铺平道路。

（2）进行商务活动。商务活动是企业接近大客户的一种有效手段，尤其是针对大客户管理层的商务活动，效果更为突出。商务活动的形式多种多样，企业可以根据具体情况制订相应的策略。

（3）开办研讨会。对大客户来说，产品或服务的基本功能满足需求往往只是基本要求，大客户真正需要的是一套解决方案。开办研讨会能够多方面地激发大客户的潜在需求，帮助其找到更新、更好的解决方案。

（4）邮寄资料。书面资料能够使大客户全面、详细地了解企业所提供的产品或服务。但是，这一方式存在不足之处：不能保证大客户有效地阅读资料。因此，企业可以将这一方式与其他方式结合使用，以达到最佳效果。

本节主要分析了企业如何为大客户及时地提供信息，指出了需提供信息的主要内容以及恰当的途径，使大客户在不费力的情况下就能及时了解相关信息，企业也因此能够加入大客户采购的候选企业中。

关键点提示

企业为大客户提供采购过程中所需的信息时，应从以下两方面入手：

1.掌握需提供信息的内容；2.掌握提供信息的途径。

2.18 如何通过说服性介绍接近大客户

工作场景描述

当企业要通过说服性介绍接近大客户时，可查看。

解读与分析

说服性介绍是销售过程中经常用到的一种方式，它可以是口头形式，也可以是书面形式。成功的说服性介绍可以使大客户接受企业提供的产品或服务。说服性介绍由以下七部分组成。

1. 引入语

无论是口头还是书面介绍，都应先给出引入语，它能帮助大客户熟悉大客户销售人员的声音，或帮助大客户进入阅读状态。从文化习俗的角度来看，大客户销售人员在进行口头说服性介绍时，面对的如果是东方人，就应该延长引入语的时间。比如在日本，引入语时间段就常常伴随着互递名片的过程。引入语应具有以下两方面内容。

（1）简短的问候。

（2）对介绍中将要用到的数据来源进行解释。

2. 关键语

在口头和书面介绍中，开始的方式决定了介绍将如何进行下去。只有让大客户产生好奇心理，才能使他们愿意花时间来了解后面的内容。关键语可以采用以下形式给出。

（1）通过图表给出关键语。

（2）通过辅助资料给出关键语。

（3）通过引用名人观点引出关键语。

（4）通过技术术语给出关键语。

3. 说明情况

这是一个叙述性过程，是对准备好的针对大客户情况的具体资料加以陈述的过程。在这种时候，陈述应简明扼要，并且应针对大客户最新情况。

4. 指出问题

大客户面临问题的严重性将决定企业是否有销售产品或服务的机会。也就是说，大客户面临的问题越严重，如果企业的产品或服务能够帮助它们摆脱困境，那么销售成功的机会就越大。因此，大客户销售人员针对大客户现状提出的问题应该具有说服力，并能够为大客户所认可。

5. 给出选择

这一阶段的目的是帮助大客户回顾需求并给出选择。大客户销售人员在这一阶段的介绍要体现出对形势和选择有充分的调查，以便增加建议的可信度。一般而言，大客户销售人员应给出至少三种选择并对每一种选择的可能结果给出说明。

6. 提出建议

提出建议时，要从多种选择中推荐一个最好方案。此时，这一方案的优点应重复给出，逐渐使大客户形成对这一方案的偏爱。这时的建议应包括以下三方面内容。

（1）推荐选项的优点。

（2）对细节进行详述。

（3）对最终利益进行说明。

7. 说明缺陷

没有哪一种产品或服务是完美的，因此对产品或服务缺陷的说明也应作为介绍的一部分，这样能够增加介绍的可信度。

在进行口头介绍时，大客户销售人员还应该注意提高自身的沟通能力以及把握主题的能力。只有沟通能力与把握主题的能力均衡发挥作用，才能产生良好的说服效果。

总之，以说服性的方式与大客户进行交流沟通，不仅需要语言技巧，还需要考虑很多因素。对于这一技能点，大客户销售人员可在实际工作中灵活借鉴使用。

关键点提示

书面或口头的说服性介绍应由以下七部分组成：

1.引入语；2.关键语；3.说明情况；4.指出问题；5.给出选择；6.提出建议；7.说明缺陷。

2.19 如何设计通过活动接近大客户的流程

工作场景描述

当企业需要了解通过举办各类活动接近大客户的基本流程时，可查看。

解读与分析

通过各种活动接近大客户是大客户销售中常用的手段，本节介绍了企业举办各类活动的基本流程。以接近大客户为目的的活动的基本流程如下。

1. 费用预算

没有利益，企业就不应做相应投入。企业对活动的投入和产出应做出预算。一场好的活动，仅靠一个好的点子是不够的，必须事前对活动的投入与产出做比较，才能以最低的投入达到最佳的产出。

2. 前期准备

前期准备工作包括以下三部分。

（1）人员安排。企业在人员安排方面要做到“人人有事做，事事有人管”，无空白点，也无交叉点。谁负责与大客户、媒体沟通，谁负责文案写作，谁负责现场管理，谁负责礼品发放，谁负责处理大客户的投诉，各个环节都要安排好，否则团队成员就会仓促上阵，顾此失彼。

（2）物资准备。在这方面企业要做到，大到车辆，小到螺丝钉，都要罗列出来，然后按单清点，确保万无一失，否则将可能导致现场混乱。

（3）试验方案。尤为重要的是，由于活动方案是在经验的基础上确定的，因此有必要通过进行试验来判断接近手段的选择是否正确，刺激程度是否合适，现有的途径是否理想。试验方式可以是询问大客户，也可以是填调查表或在特定大客户群中试行方案。

3. 中期操作

中期操作主要是维持活动纪律和进行现场控制。纪律是企业战斗力的保证，是方案得以完美执行的先决条件。在方案中，企业应对参与活动人员各方面的纪律做出细致的规定。现场控制主要是把各个环节安排清楚，要做到忙而不乱、有条有理。同时，在实施方案的过程中，企业应及时对活动范围、强度等进行调整，保持对活动的控制。

4. 意外防范

每次活动都有可能出现意外情况，比如政府部门的干预、大客户的投诉，甚至天气突变导致户外活动无法继续进行等。因此，企业必须事先做好应对各种可能出现的意外情况的补救措施。在工作中，未雨绸缪要比亡羊补牢有效得多，积极稳妥的筹划会避免意外发生时出现惊慌失措的局面。

5. 后期延续

后期延续主要涉及媒体宣传的问题，即对这次活动将采取何种方式、在哪些媒体上进行后续宣传。

6. 效果评估

举办活动前，企业要预测这次活动将会达到什么样的效果，以利于活动结束后与实际情况进行比较、评估，从刺激程度、时机和媒介反馈等各方面总结成功之处和失败之处。

以上是通过活动接近大客户流程的大致框架，大客户销售人员在实际操作中应大胆想象，小心求证，进行分析比较和优化组合，以获得最大效益。

关键点提示

企业通过举办活动来接近大客户的基本流程为：

1.费用预算；2.前期准备；3.中期操作；4.意外防范；5.后期延续；6.效果评估。

2.20 如何规划与大客户接触的步骤

工作场景描述

当企业要规划与大客户接触的步骤时，可查看。

解读与分析

没有任何一种接触大客户的方法是在任何情况下都奏效的，但是接触大客户的步骤是基本相同的。大客户销售人员在接近大客户时，要为整个接触过程描绘出一个明确的轮廓。

1. 接触的准备工作

大客户销售人员应尽可能多地了解大客户的情况，主要包括以下四个方面。

（1）大客户需要什么。

（2）大客户方谁参与形成购买决策。

（3）大客户方采购人员的性格特征。

（4）大客户方采购人员的采购风格。

上述信息的来源可以是多样化的，以便大客户销售人员进行比较和参考。例如，欲了解美国某企业，穆迪手册、标准普尔行业调查和邓氏手册都是重要信息来源。另外，大客户销售人员也可以向熟人或其他相关人员询问该企业的情况。

2. 确定接触方式

大客户销售人员应确定在与大客户接触时采用哪种接触方式最恰当：是采用电话、信函、拜访方式，还是其他方式？这里总结了各种接触方式的优缺点。

（1）信函。优点：大量、廉价且方便；只需等待，不必花费出差的费用和时间。缺点：回复率低，大量的信件几乎无法跟踪处理。

（2）电话。优点：廉价，每次联系都可得到大客户的回应，每天可进行多次联系。缺点：缺少直观感觉；电话经常被对方视为骚扰电话，容易被推脱。

（3）拜访。优点：直接施以影响，可以进行长时间的演示和影响。缺点：联系成本较高，每天联系次数少，速度慢。

（4）展会。优点：很多大客户日后联系的可能性大，来访者的兴趣浓厚，存在对后续工作的信任。缺点：费用开支大，从来访者那里得到的过多信息无法立即处理。

（5）技术交流。优点：有比较充裕的时间对大客户施加影响，能很好地加强联系，对大客户引导效果最佳。缺点：费用过高，可能会出现报告水准不高的情况，确保重要大客户出席费时费力。

（6）商务活动。优点：能为企业塑造良好的形象，给参与者留下深刻的、长期的印象，提高参与者的忠诚度。缺点：准备费时费力，费用高。

（7）参观考察。优点：能直接接触大客户的高层决策者，对其施加影响，将企业竞争优势直接展现给大客户。缺点：费时费力，费用高，邀请有被拒绝的可能。

3. 实施接触方案

企业应确定适当的人选来实施接触方案，同时对所需资源加以调配，例如对资金、场地和时间加以正确调配。这里所谓“适当的人选”，是指那些具有协调和沟通能力的人，他们能够有效地实施接触方案。

4. 评价接触结果

企业对每一次与大客户的重要接触都应进行事后总结，这样做一方面有助于以后开展类似工作，另一方面有利于制订进一步的接触方案。

总之，企业与大客户接触和沟通的最终目的是赢得大客户的认可和信任，成功完成大客户销售并建立良好的合作关系。这一目标需要有步骤、循序渐进地实现，从最初的准备工作到确定接触方式，再到具体的接触过程以及后续的结果评价，积极、缜密的筹备应体现在每个环节中。

关键点提示

企业与大客户的接触步骤如下：

1.接触的准备工作；2.确定接触方式；3.实施接触方案；4.评价接触结果。

第3章

大客户谈判常见问题

商务谈判是企业与大客户达成合作的重要工作。企业能否在谈判中取得有利的地位，将直接影响最终的谈判结果，关乎双方能否达成合作。谈判过程中有许多鲜为人知的技巧，有效地运用这些技巧能够使商务谈判在一个友好、融洽的氛围中进行，从而进一步加深企业与大客户的联系，并为未来的长远合作奠定基础。

3.1　如何把握商务谈判的原则

工作场景描述

当企业对与大客户进行商务谈判的原则感到迷惑时，可查看。

解读与分析

与大客户进行商务谈判是达成交易的必经之路，也是大客户销售的一个重要环节。企业在谈判过程中要注意把握以下原则。

1. 谈判是为了达成协议

谈判是为了达成双方都能接受的协议而进行的。双方都必须感到自己是赢家，而且不为对方得到利益感到后悔。双方都认为自己得到了自认为最重要的东西。

2. 谈判主体是对等的

尽管职位、头衔以及企业规模会有所不同，但是谈判双方必须均具有做出决策的能力和权限。在谈判过程中，谈判人员应相互尊重，平等地看待对方。

企业的大客户有可能是其行业内的翘楚，自身规模较大，在谈判过程中可能会流露出不可一世的态度。面对这样的情况，企业的谈判人员更要保持一种尊重他人并且自重的谈判风格。因为只有尊重自己的人，才能被他人尊重。

3. 要有足够的耐心

匆忙是谈判的一大禁忌，计划不周的方案往往难以达到令人满意的效果。为避免匆忙做出决策，在谈判前做好充分的准备是十分必要的。当企业面临突发事件，来不及在谈判前做准备时，可以在谈判中拖延一些时间，以便收集更多的信息，以免做出错误的决定。

4. 注意沟通

实话实说并且让对方也这样做，有时能够营造一种良好的谈判氛围。同时要保证双方均有讨价还价的空间，即使对方认定某一条件不能更改，必要时企业也应尝试将该条件列入谈判范围。

5. 沉着

沉着是优秀的谈判人员应具备的特点之一。大客户方的谈判人员有可能故意拖延几个小时，仅仅是为了有机可乘。这时，谈判人员要沉着、冷静，能够忍受这种时间上的等待，争取最后的胜利。

6. 运用沉默

沉默是一种非常有效的谈判技巧，如在出现无法接受的提议时，沉默是最好的回答。因此，沉默原则是一个值得谈判人员关注的原则。在上述情形下，沉默通常被人们理解为以下三种含义。

（1）他不接受这样的提议。

（2）他在思考如何提出不同的方案。

（3）他对提议非常不满，以致在压抑自己的怒火。

7. 不要针对个人

除非非常了解谈判对手，否则不要只针对个人意见进行谈判，这样做将会给对手一个“以其人之道，还治其人之身”的机会。

8. 控制情绪

表现出不悦是谈判的大忌。控制情绪有助于营造融洽的谈判气氛，在这样的气氛中，谈判双方达成最终协议的可能性会大大增强。

9. 积极结束谈判

令人满意的谈判应该在双方都没有感到遗憾的时候结束。尝试以积极的态度结束所有的谈判，满足各方的要求，将为双方今后的进一步接触与交往埋下友好的种子。

现代商务谈判的研究者都十分重视对谈判技巧的研究，力求从中抽象出某些一般原则。谈判技巧被看作对以上原则的具体、灵活运用，企业在实践中可灵活把握和运用。

关键点提示

企业在谈判过程中要注意把握以下原则：

1.谈判是为了达成协议；2.谈判主体是对等的；3.要有足够的耐心；4.注意沟通；5.沉着；6.运用沉默；7.不要针对个人；8.控制情绪；9.积极结束谈判。

3.2　如何选择开始谈判的时机

工作场景描述

当企业想了解如何选择开始谈判的时机时，可查看。

解读与分析

商务谈判是一种企业活动，在实施过程中需要耗费资源。因此，像其他任何企业活动一样，商务谈判进行的频率会影响企业成本与收益之比。本节给出了有必要进行谈判的标志性特征。

1. 首次交易

如果企业与大客户以往从没有进行过交易，在进行首次交易时，商务谈判就是必要的。如果双方通过商务谈判都能够进一步改善自身地位，那么这样的谈判投入就是值得的。

2. 外界因素变化

时间是一个重要但又容易被人忽视的因素。对于企业来说，它们总是希望能与大客户形成长期合作关系，因此往往急迫地想将短期协议延展为长期协议。这样没有准备的签约往往会使企业蒙受损失。即使企业在价格方面没有吃亏，但草率承诺提供各种服务也会使企业背上沉重的成本负担。

企业与大客户所处的环境可能会发生很多变化，例如经济环境、税收政策、消费指数和行业结构等，但并不是外界因素一发生变化，就要重新进行商务谈判。只有当这些变化对产品或服务的价格、质量都产生影响时，商务谈判才是必要的。因此，企业要时刻关注外界环境的变化，选择合适的谈判时机。

3. 存在风险

企业与大客户的交易关系可能已经持续一段时间，当双方开展进一步合作并且对未来风险无法准确预估时，商务谈判也是必需的。众所周知，风险与收益是相关的，因此当企业面对的风险发生变化时，要求对收益进行重新分配是合理的，也是必要的。

4. 准备长期合作

时间是一种会带来变数的因素，因此当双方准备达成长期协议时，商务谈判是不可或缺的。谈判会给双方一个对未来进行评估的机会，通过这种评估达成的协议能够更好地适应未来的发展。

5. 订单发生重大变化

当大客户的采购结构发生重大变化时，进行商务谈判也是必要的。对于企业来说，不同的产品组合意味着不同的成本结构。不仅仅是原材料等实物投入会因为不同的订单结构发生变化，管理、存储乃至技术投入也会发生变化。因此，当大客户的采购结构发生重大变化时，企业应主动提出重新谈判的要求。

总之，商务谈判时机的确定是商务谈判前期准备过程中需要解决的重要问题。在企业和大客户业务来往过程中，商务谈判和交易的达成是一项非常复杂的工作，其成功与否，首先取决于企业对各方面信息的掌握程度。前期的信息准备能够使企业对商务谈判时机的把握做到心中有数。

关键点提示

有必要进行商务谈判的五种标志性特征是：

1.首次交易；2.外界因素变化；3.存在风险；4.准备长期合作；5.订单发生重大变化。

3.3　如何应对大客户不同动机的谈判

工作场景描述

当企业要应对大客户不同动机的商务谈判时，可查看。

解读与分析

通过对大客户动机的深入了解，企业能明确大客户在谈判中认为重要的东西，也就是他们想从谈判中获得什么。很多时候，大客户认为重要的条款可能对企业没有什么特别的意义，企业接受也无妨。

普通的谈判人员可能从没有考虑过大客户为什么要进行谈判，他们只是主观地认为大客户不过是想达成一笔交易而已，但事实往往并非如此。本节列出了大客户进行商务谈判的若干种动机，通过对大客户动机的了解，企业能够在谈判中抢占先机。

1. 解决问题的动机

当大客户抱着这样的动机出现在谈判桌前时，谈判将呈现出一种良好的氛围。大客户急于找到解决办法，愿意冷静地进行谈判，这意味着双方能够彼此信任，尽快找到双赢的解决方案。企业跟这样的大客户进行谈判最大的好处是：方法灵活，不受什么限制。

2. 个人动机

有些时候，大客户方的谈判人员是出于个人原因才在谈判中不断周旋的。例如，大客户方的谈判人员为了给自己的领导留一个好印象而花费大量的时间对供应商情况进行调查，希望在谈判中得到优惠的条件。面对这样的个人动机，供应商一方的谈判人员可以通过拖延谈判时间的手段达到让对方让步的目的，因为他们不想拿不到合同，空手而归。

3. 组织动机

谈判对手似乎非常想找到一个解决方案，但是他们似乎总是在犹豫。此时，他们很可能是怕上司或其所代表的组织不满意。面对这样的情况，企业应该想想：谁会对他们不满呢？是谈判对手的股东、监管部门，还是政府规定妨碍他们选择最好的方案？企业只有理解他们的问题，才有可能采取行动，让解决方案更适合他们所在的组织。

理解谈判对手的难处是寻求解决方案的一种有效途径。很多时候看似最合理的解决方案不能被采纳的原因，往往是牵扯到了其他成员或部门的利益。在这样的情况下，再继续解释这一方案是多么有效率是徒劳的，企业要做的是帮助谈判对手克服实施时可能遇到的障碍。

4. 情感动机

有情感动机的谈判对手相信，只要双方足够认同彼此，就能够找到解决之道。他们从来不会试图通过电话来解决问题，他们想同对方面对面会谈，使对方感受到自己的存在。面对这样的谈判对手，企业有时可以利用他们的情感动机进一步扩大讨价还价的空间，以给企业创造更多的利润。

总之，企业要明确大客户进行商务谈判的动机，并在谈判过程中引导大客户向预定的谈判目标迈进。

关键点提示

大客户进行商务谈判的动机有如下几种：

1.解决问题的动机；2.个人动机；3.组织动机；4.情感动机。

3.4　如何利用谈判工具

工作场景描述

当企业想了解如何利用谈判工具时，可查看。

解读与分析

与大客户进行商务谈判时，企业有三种工具可以使用。下面对这三种工具进行详细的介绍。

1. 权力

这里所提及的权力是一个特指概念，其含义是："权力是能量的一种来源或是能量的一种形式。"这种权力有以下六种来源。

（1）来自竞争。不同行业内的竞争程度不同，这种不同就提供了一种用于谈判的权力。例如，供应商所处行业内的竞争不激烈，甚至是处于寡头垄断的地位，那么在与其大客户进行谈判时，供应商就掌握了主动权。

（2）来自专门技术。很少有人去质疑医生、教授或会计师，因为人们深信，在专业技术方面他们比自己知道得多。因此，如果企业拥有专家资源，可以让专家做客户的顾问，从而不断加强客户对专业知识的信任度。这样一来，企业在谈判时就会更有发言权。

（3）来自已有的投入。在任何事情上，如果企业已经投入了相当可观的时间和精力，那么当项目看起来要失败的时候，企业就可能愿意做出让步来扭转这一局面。作为谈判对手的大客户也是这样思考的。因此，在谈判过程中让大客户多付出一些、多投入一些，会使得自身具有更多的谈判筹码。

（4）来自团队的团结。团队成员明显的尽职表现不仅扩大了谈判人员的影响力，还能带给谈判对手一种威慑感。这种来自团结的“权力”不仅使谈判人员增强了信心，还让客户看到了企业的凝聚力，为最终达成合作奠定了基础。

（5）来自企业形象。如果大客户对企业的财务状况、创造性技术等方面有着强烈、积极的认识，那么企业在谈判中就可以获得一种权力或者说优势了。企业形象与企业的声誉、员工整体素质以及企业文化都有关系，企业应该注意提升这三方面的形象，以便提升企业的整体形象。

（6）来自坚持。在商务谈判中，坚持是权力的一种重要来源，因为上述资源都需要企业事先有所准备，而坚持几乎是不需要什么准备的。

大多数人在谈判中往往表现出“太快放弃”，他们展示给对方一些东西，如果没有被立即接受，就会继续展示其他东西。此时，坚持对于谈判权力的重要性就凸显出来了。

2. 信息

越是了解谈判对手，谈判成功的概率就越大。下面介绍几种获得信息的途径。

（1）谈判前获取信息。有效率的谈判人员在进行谈判前已经收集了大量的信息，因此他们是充满信心地走进谈判会场的。

①获取的途径。了解谈判对手时，要从其周围的人开始了解。这些人包括秘书、职员等。

②询问的方式。每个人都会回答问题，但是每个人都会有一个限度，过了这一限度，友好的聊天就变成审问了。因此，事先准备好问题并保持友好的谈话氛围是十分重

要的。比如，类似“比尔仍在负责处理预算吗？”或“公司正在筹划投资一个新项目吗？”这样的问题自然会增加带来新信息的可能。

（2）谈判中获得信息。谈判中对手会尽量隐藏自己的意图，因此肢体语言是获得信息的重要途径。这里总结了某些肢体语言表达的信息。

①表达愿意接受的肢体语言：双臂张开，解开外套纽扣；手臂张开，手掌外露；身体挺直，略向前倾斜。

②表达不愿接受的肢体语言：双臂交叉，手掌隐藏；双腿交叉，紧握拳头；身体远离谈判对象。

③表示对出价很感兴趣的肢体语言：眼睛轻微放大，目光接触增加，面部表情轻松。

④表示对出价没有兴趣的肢体语言：目光接触减少，前额或下巴绷紧，手臂、腿或脚踝交叉，身体向后靠。

3. 时间

时间对谈判成功与否至关重要。时间可能对哪一方有利，取决于当时的环境。例如，迟到可以被解释成自信，也可以被认为是对抗与无礼。

总之，商务谈判是一项技巧性很强的活动，也是一个相对复杂的过程。企业一方面要对商务谈判的宗旨和原则有一定程度的把握，另一方面，也要借助有力的谈判工具在具体谈判过程中影响对方，尽力使商务谈判有利于己方。本节主要分析了三种谈判工具，这些无形的力量对商务谈判有很大的影响。

关键点提示

谈判中使用的三种工具是：

1.权力；2.信息；3.时间。

3.5 如何应对商务谈判的开局

工作场景描述

当企业想了解商务谈判的开局策略时，可查看。

解读与分析

万事开头难，商务谈判的开局为日后的讨价还价提供了一个空间，为日后的谈判创造了一个实施空间。在商务谈判的开局阶段，企业要形成一个要价空间。企业在开局时应用的策略主要有如下几种。

1. 开价要高于实价

开价高于实价的原因有如下几点。

（1）可给谈判留下一个可以调整的空间。谈判过程中是可以降价的，但是几乎不可能再抬价。

（2）高价会增加所提供产品或服务的价值。当谈判对手看到价目单时，他们得到的信息是产品或服务的潜在价值。也就是说，一个较高的报价会令谈判对手认为产品或服务的价值相对较高。

（3）这是让谈判对手感到获胜的一种策略。如果一下子就给出最优惠的价格，那么双方就没有什么要谈判的了。这样一来，大客户就不会感到从企业这里得到了实惠。

2. 不要接受大客户的第一次出价

有时候，大客户方谈判人员的第一次出价已经超出企业的预期、能够满足企业的利润要求了，但此时万万不要急于接受这个出价，因为这样一来，大客户就会产生一种想法：“他们的产品或服务不值这么多钱。”一旦给大客户留下这样的印象，不利于今后的进一步合作，再多做一些努力，说不定会争取到更好的价格，也能够让大客户产生一种满足感。

3. 开价要有零有整

这是一种重要的策略，开价12 000元不如121 050元更让人信服。精确的要价至少让大客户觉得这一价格是经过周密计算和分析的，这会使大客户有一种被重视的感觉，从而让企业有机可乘。另一方面，有零有整的要价会给大客户留下一种严谨的印象。这种印象会对双方的进一步接触产生积极的影响。

4. 集中精力考虑问题

在谈判的开始阶段应该集中精力考虑问题，不要因为谈判人员的某些行为而分散精力。例如，大客户可能一开始就表现出对价格的极度不满，甚至拍案而起。此时，我们的注意力要一如既往地集中在谈判焦点上，而不要过多地去考虑他们的感受与行为。

5. 发挥沉默的力量

在谈判开局的最后阶段，沉默是一种进一步提高要价的策略。这一策略可以用一句简单的话来表达：“你们得再加一点儿，否则我就是不说话。”这一策略往往很奏效，尤其是面对那些没有很多谈判经验的对手时。有时候，运用这一策略会有出人意料的收获。

商务谈判的开局阶段是实质内容讨论的最初阶段，是商务谈判的重要环节。企业要掌握开局阶段的主动权。

关键点提示

商务谈判的开局策略主要有以下五种：

1.开价要高于实价；2.不要接受大客户的第一次出价；3.开价要有零有整；4.集中精力考虑问题；5.发挥沉默的力量。

3.6 如何应对商务谈判的中期局面

工作场景描述

当企业需要应对商务谈判的中期局面时，可查看。

解读与分析

商务谈判在开局阶段之后、达成交易之前的阶段属于中期阶段。一个好的开局固然能使企业占据优势地位，但是要想保持这种优势，就要在谈判中期继续努力了。这里总结了这一阶段会遇到的一些常见问题以及对策。

1. 大客户方谈判人员表示要请示上级

大客户方谈判人员在做最后决定之前突然表示要请示一下上级领导，这种情况很常见，它会使没有经验的企业方的谈判人员感到无比沮丧。他们为了防止煮熟的鸭子飞走了，做进一步让步似乎是不可避免的了。但是情况果真如此吗?

（1）问题分析。大客户方的谈判人员使用这一策略的原因有以下几种。

①他们可以轻松地向企业施加压力，而不用费太多口舌。

②他们会使企业方谈判人员的心理失去平衡。

③如果他们真的需要上级领导批准，那么这一做法可以使他们与企业站在同一立场上，以便后续谈判业务的开展。

（2）应对策略。其实往往根本不需要请示上级领导。既然已经坐到谈判桌旁，大客户方的谈判人员就拥有决策权，这只不过是他们为了得到进一步优惠而使用的一种策略而已。面对这样的情况，企业可以采取以下策略。

①事先避免这一情况发生。在谈判开始之前就打消他们使用这一策略的念头，让他们认识到，如果条件合适，他们完全可以独立做出决定。

②反过来给大客户施加压力。企业方谈判人员可以宣称，目前的条件已经非常优惠，如果大客户在短时间内不做出决定的话，所有的条件都需要进行重新谈判。

③草拟合同。企业方谈判人员可以这样告知对方："我们草拟一下合同，您的上级可以在24小时内以任何理由拒绝该合同。"这样一来，所有问题就推给大客户方的谈判人员了。

2. 谈判对手产生敌对情绪

"你们的价格太高了！""听说你们的售后服务常常跟不上。"这些说法说明大客户方的谈判人员已经开始有敌对情绪了。

（1）问题分析。敌对情绪往往是双方共同造成的，没有对立也就没有敌对了。一方争吵的时候，另一方也会争吵，这是人的本能。

（2）应对策略。当面争吵会产生敌对情绪，因此应该尽量避免争吵，可以先表示同意，之后设法扭转局势。面对价格方面的异议，企业方谈判人员可以说："我可以理解您的感受。很多买主开始看我们的报价的时候也跟您有同样的感受，之后他们经过进一步研究发现，我们提供的是市场上最优惠的价格。"

3. 大客户方谈判人员推诿责任

大客户方谈判人员常常会将原本他们该解决的问题抛给企业方谈判人员，就好像扔掉一个烫手山芋一样。

（1）问题分析。大客户方谈判人员可能会说："我们的预算中没有这笔开支。"对于企业优良的产品或服务，大客户没有相应的预算，这是谁的问题？这是大客户的问题，但是他们却能够将这个烫手山芋抛给企业，要求企业进一步提供优惠政策。这种问题的本质是，大客户将自己的问题摆在谈判桌上，让它成为谈判双方共同的问题。

（2）应对策略。当大客户把问题抛出来的时候，企业要马上验证它的真实性，并进行追问，追问问题究竟出在哪里，具体步骤如下。

①判断他们是不是真的不打算达成交易，还是只是想试探一下企业的反应。

②明确问题的实质。如果问题与大客户决策流程有关，此时就没有必要追问原因了。

③不要随意考虑降价，降价不能解决根本性问题。

总之，商务谈判的中期阶段是企业与大客户互相磋商、讨价还价的阶段，这是商务谈判的关键阶段。这个过程是相对复杂的，对于双方谈判人员来说，这是一个施展才华、互相影响的过程。在商务谈判的中期阶段，不仅会有激烈的策略战，还会有心理上的较量。企业方谈判人员在这个过程中应从容应对大客户的谈判策略，扫清谈判过程中的障碍。

关键点提示

谈判中期阶段会遇到的问题一般有以下三种：

1.大客户方谈判人员表示要请示上级；2.谈判对手产生敌对情绪；3.大客户方谈判人员推诿责任。

3.7 如何应对商务谈判的后期局面

工作场景描述

当企业需要应对商务谈判的后期局面时，可查看。

解读与分析

商务谈判进入后期阶段时，交易的框架已经基本形成，此时企业要做的是为谈判最终结果锦上添花。下面介绍进一步优化谈判结果的方法。

1. 蚕食策略

这是谈判后期一种重要的策略，它可以实现两个目标：一是进一步优化谈判结果；二是可以让大客户接受此前他们不愿接受的条件。实施这一策略的步骤如下。

（1）介绍一种大客户认为最优惠的方案。

（2）逐步从大客户角度出发，介绍一些他们需要但没有想到的产品或服务，让他们产生新的需求。

（3）在最后时刻，提出实际想达成的交易条件。此时大客户已经潜移默化地产生了新的需求，因此，他们会顺理成章地接受这一最初不会接受的条件。

2. 让步策略

谈判时大多数时候是要对价格做出让步的，但在价格上做出让步的时候要讲究策略。

（1）对三种常见错误让步方式的分析。如果谈判是以16 000美元开始的，而企业能接受的最低价格是15 000美元，那么谈判幅度就是1 000美元。假设企业最多做四次让步（这是最常见的让步次数），下面就分析一下常见的三种错误让步方式。

①采用相同的让步幅度，每次都让步250美元。大客户不知道究竟还可以得到多少让步，他们感受到的是每次都能够得到250美元的优惠，于是会不断杀价。

②最初就亮出底牌，一下就将1 000美元全部让出。这一明显的错误其实经常发生。当大客户宣称有多家供应商正在报价，而他们将选择最低报价的供应商时，一下子亮出底牌是常见的做法。

③逐步试探，先让一点小利。可能先让步100美元，当看到大客户不能接受时又将降价幅度调至200美元。这么做，大客户就会要求得越来越多，可能会使得谈判最终失败。

（2）正确的让步策略。正确的让步策略是：逐步降低让步幅度。仍以上述谈判幅度为1 000美元的谈判为例，正确的让步策略应该是：以500美元、200美元、100美元、50美元的顺序逐步让步。这会让大客户确信作为谈判对手的企业已经竭尽全力在让步了。

3. 反悔策略

这是一种结束谈判的有效方法，但是当谈判进行得非常顺利时，企业就没有必要运用这一策略了。只有当大客户方谈判人员对价格穷追不舍时，这一招才非常实用。

例如，大客户方谈判代表提出："你们再做出一点让步吧。单价不要是1.72 美元吧，1.71美元怎么样？"此时企业方谈判人员要表示需要回去考虑一下，明天再做决定，等第二天再回到谈判桌前时，要表现出收回前一天做出的让步的表情。当企业方谈判人员对大客户说"由于统计方法出了点问题，单价1.72美元不可能"的时候，大客户的反应通常是会立即接受1.72美元这一出价。这样一来，运用反悔策略就成功阻止了大客户的软磨硬泡。

4. 小恩小惠策略

在谈判最后采用小恩小惠策略很重要，尤其是企业面对将要长期合作的大客户时。企业与大客户的交易是从谈判开始的，采取这一策略时，让大客户感受到被尊重是企业赢得大客户方好感的一种重要途径。

企业为大客户提供的小恩小惠包括以下几个方面。

（1）为大客户提供免费培训。

（2）赠送与产品或服务有关的学习软件。

（3）承诺保持价格××天内不变，以便大客户重复下订单。这一优惠力度非常小，把握抛出优惠的时机非常重要。

通常当谈判进行到有利于企业时，大客户方谈判人员往往不愿意接受最终的谈判条件，因为他们不想让自己输给了企业方谈判人员。谈判高手知道此时给予大客户一个小小的优惠将会使得交易顺利达成。"我们真的不能再优惠了。如果你们接受了这一价格，我本人将亲自监督安装，确保顺利运转。"这番话会使得大客户方谈判人员更容易接受企业方谈判人员开出的条件。

总之，商务谈判的后期是交易即将达成的时期。在这一时期，双方的观点逐渐趋向一致，双方可以从各自的角度出发使买卖成交，形成最终的交易价格。此时灵活运用上述谈判策略将有助于企业取得更好的谈判结果。

关键点提示

进一步优化谈判结果的策略有以下四种：

1.蚕食策略；2.让步策略；3.反悔策略；4.小恩小惠策略。

3.8　如何化解谈判僵局

工作场景描述

当企业与大客户间的谈判陷入僵局不知如何化解时，可查看。

解读与分析

整场商务谈判就像一场优雅的角斗，很可能出现双方势均力敌，谁也不愿让步的尴尬局面，这就是人们通常所说的谈判陷入僵局。本节给出了应对这种情况的几种具体策略。

1.“你们买得起”

这一策略用来说服与企业有过交易的大客户再次采购很有效。双方以往有过接触，彼此比较熟悉，通过“吹捧”大客户的能力，能够使大客户感到很受尊重。这样，成功达成交易就轻松多了。

同“富有”的大客户谈判时，千万别忘了对他们说：“你们是买得起的！”这些

“富有”的大客户不一定就是规模大的企业。他们之所以“富有”，可能是因为最近的发展非常顺利，或是在业内的地位有了显著提高。在谈判中，企业面对这样的大客户时要及时使用上述策略，它将给企业带来意想不到的收获。

2. 让大客户考虑一下

这是一种有效打破僵局的手段。参与商务谈判的大客户方人员往往不止一人，尽管他们中的某一位可能具有最终决策权，但是他也希望得到属下的支持。当这一决策者做最后决定前想了解其属下的感受时，谈判僵局很可能就会出现。这个时候，如果让他们单独待一会儿，让他们有机会沟通，就会促进谈判继续进行。

3. “小狗”策略

这其实是一种变相的试用产品或服务策略，就像一则故事中讲的那样，宠物店的老板让小男孩先将小狗带回家度过周末，再决定是否购买。小男孩在周一时已经对小狗产生了感情，不可能不买了。

企业在与大客户谈判时，这种“小狗”策略也是打破僵局的一种途径，尤其是对于服务提供商而言。因为，一旦大客户从服务中尝到了甜头，决策者放弃这一服务就变成与大客户内部成员作对了。

4. 分化策略

大客户方谈判团队由多种性格的人组成，他们中有些人果断，有些人谨慎，分别担负不同的任务。在谈判桌前，当谈判陷入僵局时，可以利用团队成员性格上的不同，在大客户方谈判人员中实施分化瓦解策略。可以先单独与果断的大客户方谈判人员谈谈，争取他们的合作，这样一来，谈判僵局很快就会打破，交易也将顺利达成。

无论怎样，商务谈判都是一次艰难的历程。有时谈判双方虽然真诚谈判，但仍难免陷入僵局。为了摆脱困境，争取成交，谈判双方要采取一些积极的应对策略，使谈判持续下去。

关键点提示

应对谈判僵局的策略主要有以下四种：

1.“你们买得起”；2.让大客户考虑一下；3.“小狗”策略；4.分化策略。

3.9　如何识别大客户设下的价格陷阱

工作场景描述

当企业需要识别大客户设下的价格陷阱时，可查看。

解读与分析

在商务谈判的任何阶段，大客户都可能设下价格陷阱，使得落入圈套的供应商做出让步，从而获得更加低廉的价格。这里总结了谈判中可能遇到的几种价格陷阱以及应对策略。

1. 转移注意力陷阱——集中注意力

商务谈判是一场意志力的角逐，时刻保持警惕是取得最后胜利的法宝。

（1）陷阱分析。这是大客户有意设下的一种圈套，他们通过对一个不重要的条件表示不满来转移企业的注意力，从而软化企业态度，使其在实质问题上做出让步。例如，大客户可能表示对目前的运输条件非常不满意，而实质上，他们并不担心运输问题，只是想在价格上得到更多的优惠。

（2）应对策略。集中注意力是应对这一陷阱的法宝。企业应锁定目标，然后主动进攻，具体步骤如下。

①锁定目标。企业方谈判人员详细询问大客户大做文章的问题究竟是什么。

②争取思考时间。企业方谈判人员告知大客户，对这一问题需要做进一步考察，为自己想清楚问题争取到足够的时间。

③钉住实质问题。企业方谈判人员识破这一陷阱后，应及时将双方的关注焦点转移到实质性问题上，让大客户忘记那些他们其实并不在意的小问题。

2. 撇脂陷阱——全面考察

当大客户从企业采购多种产品或服务时，往往会使用撇脂策略来获得对于他们来说最优惠的价格。

（1）陷阱分析。大客户要从企业处采购多种产品或服务，并且可能在同多家企业谈判。当得到各家报价后，大客户会对其中一家企业说：“这种产品的单价，你们的竞争对手要比你们低得多。”这时，大客户掌握了主动权，他们了解各家的出价，并且希望每一种产品或服务的单价都达到最低。

（2）应对策略。面对这样的情况，企业方谈判人员首先要保持冷静，不要立即保证自己也可以给出相同的价格。谈判人员要明白，不同企业的成本优势是不同的，对特定产品或服务的出价当然会不同。而且大客户是希望与本企业达成交易的，否则就不会在得到多家报价后，还与本企业取得进一步联系。这时，企业方谈判人员要表示，企业的出价整体上已经非常优惠了，他们可以进一步考察。

大客户使用撇脂策略是在谈判中经常出现的情况，企业方谈判人员要说服他们，让他们相信，比起局部最优，整体最优才是更重要的。谈判人员要在适当的时候提醒大客户，与多家企业分别就不同产品或服务的采购进行谈判是不划算的，谈判也是要耗费资源的。

3. 惯例陷阱——重新谈判

当企业同一家大客户进行首次交易时，这家大客户往往能够利用这一策略得到更多的价格优惠。

（1）陷阱分析。交易条件似乎已经谈妥，在具体实施之前，大客户方谈判人员可能会突然提出一个双方从没有协商过的条件，例如，突然提出付款日期是收到货物后的第15天。大客户会声称，这是其与其他企业交易的惯例，迫使企业接受其要求。

（2）应对策略。无论其要求是否基于以往的惯例，当企业不愿接受这一附加条件时，谈判人员都可以做出应有的还击，不必因害怕谈判失败而接受条件。

企业可以明确表示愿意就这一条件重新进行谈判，这样大客户也就会面临同样的压力了。大客户之所以能够成功运用惯例陷阱，是因为很多企业不愿意再浪费时间谈判。当企业表示愿意谈判时，大客户就是搬起石头砸自己的脚了。

商务谈判是不同利益集团之间的有目的的利益之争。在这个过程中，双方都会争取更有利于己方的谈判结果，设置圈套和陷阱也是其中一种策略。因此，企业如何识破大客户设下的价格陷阱就显得尤为重要。本节提供的相应的解决方案，企业在实际商务谈判中可以灵活运用。

关键点提示

谈判中可能遇到的价格陷阱以及应对策略有：

1.转移注意力陷阱——集中注意力；2.撇脂陷阱——全面考察；3.惯例陷阱——重新谈判。

第4章

大客户维护常见问题

赢得大客户不仅是要让大客户完全认可并接受企业的产品或服务，更是要与大客户形成一种良好的伙伴关系。这种关系是开展大客户销售的重要基础。

4.1　如何认识大客户销售

工作场景描述

当企业对大客户销售的实质不明确时，可查看。

解读与分析

在成功实现大客户销售前，企业首先要明确大客户销售的实质。这能够使大客户销售人员在销售过程中的种种努力均指向最终目标，避免犯南辕北辙的错误。大客户销售的实质如下。

1. 大客户销售以发现并满足大客户需求为前提

大客户销售人员销售的产品或服务，一定要能满足大客户的需求。没有需求而发生的销售，是一种强卖或欺骗行为，违背了销售的本质。大客户销售人员在销售工作中，要着眼于如何发现大客户的需求，并且要用产品或服务去满足大客户的需求。在实际生活中，有的需求是显性需求，而有的需求是隐性需求，可能这种需求连大客户自己都不清楚，大客户销售人员要挖掘这种需求。以发现、挖掘大客户的需求为中心，而不是以卖产品或服务为中心，这是大客户销售人员做好大客户销售、提高业绩的关键。付出和回报在市场上通常是均等的，在交易中一味地投机取巧是得不偿失的做法。

2. 大客户销售追求的是双赢

所谓“双赢”，就是大客户销售人员销售出产品或服务，获得了利润，大客户得到了解决方案，双方皆大欢喜。这就要求大客户销售人员在大客户销售中不能为了自身的利益而损害大客户的利益。比如，在实际工作中，有些大客户销售人员为了把产品或服务销售出去而不择手段，只做一锤子买卖。这样做不但会影响企业的形象，还会自断财路。

3. 大客户销售就是要在竞争中获胜

大客户市场竞争的白热化已经让很多大客户销售人员感到力不从心。在大客户市场中，几乎已经找不到谁在卖独家产品或服务，大客户的选择余地越来越大。此时，大客户销售人员不但要考虑如何销售出产品或服务，还要考虑如何把大客户从竞争对手那里夺回来。所以大客户销售人员一定要认真研究对手，只有做到知己知彼，才能在市场上占有一席之地。但很多大客户销售人员只了解自己的产品或服务，对竞争对手一无所知。这如何能让大客户相信选用本企业的产品或服务是正确选择呢?

4. 大客户销售是长期行为

很多大客户销售人员在做完一笔业务后会消失得无影无踪，当初给大客户的承诺也抛诸脑后，他们想反正这笔钱已经到手了。殊不知，大部分生意都来自老客户。因此，大客户销售人员在做第一笔业务的时候，就要想着如何跟同一个大客户做第二笔、第三笔交易，如何能让这个大客户再为自己介绍其他大客户。这时候，售后服务就至关重要了。

5. 大客户销售基于有效的沟通

很多失败的大客户销售并非产品或服务不好或大客户没有需求，而是因为沟通不够或沟通不当，导致双方无法达成共识。很多大客户销售人员在面对大客户时总喜欢喋喋不休，忘记了沟通是双方的互动行为。一个不愿意倾听别人心声的人是无法成功沟通的。面对琳琅满目的产品或服务，大客户越来越理性。让大客户掏钱买本企业的产品或服务，只有先打消他们所有的疑虑才可以实现。在这个过程中，沟通至关重要。

总之，大客户销售并不是那么简单，它所涉及和涵盖的范围很广，面临着激烈的市场竞争，企业与企业之间既合作又竞争的关系是大客户销售工作的前进动力，人与人之间的沟通在大客户销售工作中的重要性也不容忽视。大客户销售人员应该以全局视角审视大客户销售工作的实质。

关键点提示

大客户销售的实质：

1.大客户销售以发现并满足大客户需求为前提；2.大客户销售追求的是双赢；3.大客户销售就是要在竞争中获胜；4.大客户销售是长期行为；5.大客户销售基于有效的沟通。

4.2　如何与大客户进行有效沟通

工作场景描述

当企业要与大客户进行有效沟通时，可查看。

解读与分析

企业与大客户的关系不同，与其沟通的方式也会不同。

1. 不同的关系类型与沟通策略

以下分别介绍企业与大客户间不同的关系类型与沟通策略。

（1）简单关系。

①特点。简单关系是指买卖双方的接触还不是很密切，只有卖方的大客户经理与买方的采购经理有接触。除此以外，买方与卖方上至最高领导者下至普通员工都没有任何形式的接触。

②沟通策略。这种关系说明买卖双方以往没有什么合作，买方对卖方缺乏了解。此时就要求大客户经理积极主动地与买方采购经理联系，并适时接触买方内部的其他人员。

（2）领结型关系。

①特点。大客户销售人员在销售以及售后服务中与买方人员有了直接的接触，对买方人员的需求有了了解的机会和实际感受。

②沟通策略。领结型关系非常脆弱，在与大客户的沟通中，大客户销售人员的一次失误就可能导致企业失去这家大客户。因此，大客户销售人员在沟通过程中首先要保证兑现承诺。并且对于卖方来说，此时的沟通应着重对企业服务进行宣传。

（3）多层次连接关系。

①特点。当企业与大客户建立了多层次连接关系，就意味着买卖双方人员开始有了全面的接触，大客户经理与采购经理之间的接触更加密切。

②沟通策略。企业与大客户多层次连接关系下的沟通应将重点放在各种关系的协调上，也就是说，要使买卖双方的全面接触更加和谐、更加有效。卖方企业的每一名人员都应了解大客户的地位及其需求，以及应该采取哪些相应的措施。

（4）伙伴关系。

①特点。伙伴关系是指买卖双方各个层面的人员建立了全面的合作关系。

②沟通策略。当企业和大客户建立了伙伴关系，双方沟通的就不仅仅是产品或服务方面的信息了，还包括一些深层次信息，例如企业的财务信息。在这种关系中，买方有时会尝试卖方的改革措施。因此，沟通的及时性就显得非常重要。

对于大客户销售来说，简单关系和领结型关系都存在失去大客户的危险。这两种关系的共同特征是：企业过于依赖大客户经理。在这种情况下，大客户经理拥有大客户资源而不为企业所有。当大客户经理由于某种原因离开企业时，企业的大客户也会随之流失，甚至流失到竞争对手那里。因此，针对这两种客户关系，企业应及早做出调整。

2. 一般的沟通方法

无论企业与大客户间为何种关系类型，在赢得大客户过程中，以下沟通方式对企业都是有帮助的。

（1）倾听。

①制订有效倾听的策略。第一，鼓励他人畅所欲言。表情友好、精力集中、态度自然等，都是鼓励他人畅所欲言的良好方式。第二，反馈性归纳。反馈性归纳即不时地对对方的谈话内容加以总结并征求意见，如“您刚才说的话是这个意思吗？”，这也说明大客户销售人员对大客户的观点进行了慎重的考虑，并使大客户有重申和澄清本意的机会。第三，理解对方。大客户销售人员在倾听大客户所谈内容的同时，要充分理解大客户。第四，避免争论。当大客户讲一些没有道理的事情时，大客户销售人员不要急于纠正。这就要求大客户销售人员在谈话开始的时候避免谈有分歧的问题，而是谈双方看法一致的问题。

②采用有效倾听的方式。倾听有许多种方式，概括起来主要有：走出去、请进来和利用通信工具三种。走出去即走访大客户，是指大客户销售人员深入大客户中间，倾听他们真实的看法、想法。请进来即召开大客户会议，企业可以定期把大客户请来举行讨论会。利用通信工具与大客户沟通时，企业要注意两点：一是认真处理大客户的来函来信，及时消除大客户的疑虑；二是安装免费的“热线”电话来处理大客户的抱怨。

（2）帮助。

企业应帮助大客户解决购买、使用、维修中的所有问题，为大客户提供优质服务，具体包括如下内容。

①引导大客户树立正确的消费观念。

②教会大客户如何使用本企业的产品。

③帮助大客户拟订收益目标或经营计划。

④为大客户变更经营方针提供意见与指导。

⑤支持、协助大客户召开相关研讨会。

⑥向大客户传达企业宣传活动计划并邀请其参加。

沟通是企业的重要活动之一。业绩的增长离不开企业与大客户之间的精诚合作。以上给出的是一些典型的沟通方式与方法，企业可以根据实际情况选用，创造性地开展与大客户的交流活动。

关键点提示

针对不同的大客户关系，企业要使用不同的沟通方法。企业与大客户间的关系类型有以下四种：

1.简单关系；2.领结型关系；3.多层次连接关系；4.伙伴关系。

4.3 如何处理大客户的异议

工作场景描述

当企业需要处理大客户提出的异议时，可查看。

解读与分析

销售的过程本就是一个“异议—同意—异议”的循环过程。每一次合作都是一次“同意”的过程，而合作必然会带来新的问题和额外的要求，这就是异议。以下是企业处理异议的步骤。

1. 明确异议产生的原因

大客户提出异议其实恰恰说明他们对产品或服务的兴趣、关注。寻找其背后的原因将有利于大客户销售人员明确解决问题的关键，从而制订相应的策略。通常异议产生的原因有如下三种。

（1）理性原因。通常大客户会基于自身的经济状况、使用情况和对同类产品的了解而表达对某产品的不认可，如不适合、价格过高或技术落后等。很多时候，大客户会因为信息不全面或缺乏经验而产生错误的认知。

（2）感性原因。很多异议出于情感和心理上的不满和恐惧，如采购决策者在采购过程中在乎别人（特别是上级和同事）的看法，同时也会考虑是否会影响其在下属心目中的威望。如果采购决策者所在组织正处于动荡期或其自身地位不稳固，这时他会对存在的一些意想不到的风险和麻烦特别在意。通常，大客户的许多异议其实是缺乏道理和合理解释的，完全是杞人忧天，仅仅出于对某些事物消极的态度和错误的看法。

（3）战术性原因。有时大客户会通过提出异议来进行策略性试探，增加自己手中的砝码。最常见的目的就是寻求价格上的减让和在谈判中增加自己的优势。另外，存在其他供应商时，大客户有时也会通过异议来暗示自己的不满。

2. 明晰异议的分类，有的放矢

为了有针对性地处理大客户的异议，企业对异议做分类是很有必要的。一般来讲，异议可以分为“疑虑”“误解”“缺点”和“投诉”。

（1）疑虑。

①概念：如果大客户表示不相信企业的产品或服务、承诺，企业面对的就是疑虑型异议。疑虑通常发生在企业进行说明之后，大客户不相信企业所阐述的内容。既然大客户表示怀疑，就可认为其需求未被满足。

②对策：消除疑虑。存在疑虑说明大客户需要企业提供保证，提供让自己消除疑虑的有力证据。所以企业要向大客户提供相关资料，证明自己的产品或服务确如所说的那样能给客户带来利益，能满足其需求。需要注意的是，证明材料必须是与大客户疑虑相关的，也就是要针对大客户的疑虑为其提供可体现大客户可得利益的资料。

（2）误解。

①概念：如果大客户认为企业不能提供其所需的产品或服务，而事实上企业能够做到，企业面对的就是误解型异议。误解可能发生在销售过程的每一个阶段。当误解出现时，可能是由于大客户对企业的产品或服务认识不充分，或者有不正确的认识。

②对策：消除误解。消除误解是由于大客户不了解企业的产品或服务，或得不到正确的资料。在销售过程中，误解是很常见的。在遭到大客户误解后，企业要说明真相，及时澄清，并说明大客户的需要。

通常，大客户销售人员对误解直接进行反驳很容易与大客户发生争执，大客户销售人员应注意言辞委婉，避免和大客户发生直接的言语对抗。但在有些情况下，大客户销售人员必须直接反驳，以纠正大客户的错误观点。

a.大客户对企业的服务、诚信有所怀疑时。

b.大客户引用的资料不正确时。

（3）缺点。

①概念：如果大客户正确了解企业的产品或服务后，仍对企业的产品或服务感到不满，认为不能满足他们的需要，此时企业面对的就是缺点型异议。通常来讲，缺点可能是大客户将企业与企业竞争对手的产品或服务进行比较之后得出的结论。

②对策：面对缺点。在“坦率但不草率”的基础上，大客户销售人员应努力淡化大客户对缺点的注意和在意程度。大客户销售人员的具体做法可以是：首先表示了解该缺点，然后把焦点转移到总体利益上，再重提前面讨论中大客户已接受的利益，最后淡化缺点并询问大客户是否接受。

一般来说，大客户销售人员可以通过以下方法来满足大客户的利益，淡化缺点。

a.满足大客户最优先需要的利益。

b.满足客户所言需求背后的真正需求。

c.提供竞争对手不能提供的利益。

在淡化和弥补缺点的过程中，大客户销售人员可以运用补偿法，给大客户一些补偿，并在大客户关键购买因素上多做文章。其要点就是突出产品或服务的优点对大客户的重要性，相对而言，产品或服务的缺点是不重要的。

（4）投诉。

①概念：如果大客户以前曾使用过企业的产品或服务，但不满意，企业面对的就是投诉型异议。这种异议，对企业来说，既是挑战也是机会，大客户销售人员要仔细聆听。

②对策：处理投诉。投诉是大客户反馈的在实际使用产品或服务的过程中遇到的困难和问题，其真实度较高，分以下两种情况。

a.对于由于大客户理解有误或使用不当造成的问题，大客户销售人员应诚恳详细地说明，并提供有力的证据证明其责任所在。

b.对于确为产品或服务本身存在的问题，大客户销售人员应积极道歉，勇于承担责任，给出切实可行的解决问题的方案，明确解决问题的时间，快速处理问题。

3. 保持诚恳的态度

大客户销售人员在面对大客户的异议时心情急躁、不舒服是正常的，但需调整态度，让大客户感觉到“企业明白并尊重我的异议”。大客户只有在觉得自己被尊重、异议被重视、相信企业会全力解决问题的时候才会和企业交流，才会说出心里话，并提供更多的资料。诚挚倾听和热情回应是良好态度的外在表现，企业可以通过以下几个方面来表明诚意。

（1）勇于承担：“是我们的责任”“这是我的错”。

（2）站在大客户的立场上考虑问题：“您这样考虑是很正常的，不过……”。

（3）保证马上行动：“我这就给经理打电话”“我一回去就……”。

（4）说明答复或解决问题的时间：“最迟明天下午四点钟我会给您满意的答复”。

对于大客户的一些无理取闹、情绪化的异议，比如“这个包装太难看了”“你们公司太小气了吧”，或者大客户提出的反对意见和眼前的交易没有直接关系，并不是真的想要解决或讨论问题时，大客户销售人员只要面带笑容表示同意即可。特别是对一些

“为反对而反对”或“只是想表现自己的看法高人一等”的大客户的意见，大客户销售人员只需以诚恳的态度对待，迅速引开话题即可。

4. 选择恰当的时机，解决异议

优秀的大客户销售人员不仅要能对大客户的异议给出比较圆满的答复，还要善于选择恰当的时机解决异议。

需要指出的是，绝大多数异议都需要立即回答。这既可以促使大客户购买，也可以表现出对大客户的尊重。其通常涉及如下情形。

（1）异议关系到大客户关心的重要事项。

（2）异议不解决，销售无法继续。

（3）异议一旦解决，大客户能够马上签约。

但并不是每一个异议都需要回答或者立即回答，下列异议可不回答或缓回答。

（1）异议模棱两可、含糊其词、让人费解。

（2）异议背后明显另有原因，但企业还不清楚。

（3）异议显然站不住脚、不攻自破。

（4）处理异议所需的能力水平超过了大客户销售人员的能力水平，或异议涉及较深的专业知识而不易为大客户马上理解。

（5）对异议的处理超出了自身权限或涉及确实很难决定的事情。

在和大客户的长期接触中，大客户销售人员很容易发现最常见的异议。大客户销售人员对相应的回应方式要做到成竹在胸。这一点对于刚刚接触大客户销售的人员来说是最基本的业务要求。并且，大客户销售人员在实际工作中应不断充实“异议库”和相应的“应答库”，并制成实用的销售手册。这实际上是企业组织学习的一个基本内容。

虽然异议总是会带来烦恼，但它也是大客户销售人员从大客户身上获取更多信息、影响大客户的机会。解决异议、满足需求是企业影响大客户，同其建立良好关系的绝佳机会，经常能给企业创造新的销售机会。

关键点提示

企业在面对大客户提出的异议时，通常要做到以下四点：

1.明确异议产生的原因；2.明晰异议的分类，有的放矢；3.保持诚恳的态度；

4.选择恰当的时机，解决异议。

4.4　如何影响大客户

工作场景描述

当企业要对大客户施加影响以利于企业销售时，可查看。

解读与分析

这里介绍几种对大客户施加影响的方法。

1. 对参与程度不同的大客户成员施加影响

企业可以根据参与程度的不同，将大客户成员分为四种：规则制订者、决策者、使用者和辅助人员。对大客户成员进行分类后，企业就要采用不同的影响措施。针对不同的参与者，企业应施加不同的影响。

（1）对规则制订者施加影响。规则制订者是确定采购指标的人，他们可以是专业采购人员，也可以是有技术专长的供应商标准制订者。企业对他们施加影响时应着重于提供辅助资料，这样不仅可以潜移默化地对其施加影响，而且容易与他们建立个人关系。

（2）对决策者施加影响。决策者是决定最终是否花钱购买的人，对他们施加影响时应充分说明产品或服务能够给他们带来的经济利益，也就是说明产品或服务的实用价值。这样一来，尽管产品或服务的价格较高，但由于能给大客户带来切实的利益，采购的决策者也会比较容易接受某一特定产品或服务。

（3）对使用者施加影响。使用者是接受产品或服务并进行使用的人，针对他们的要求，大客户销售人员在进行沟通时，应对他们的处境表示充分理解并愿意改善他们的工作环境。

（4）对辅助人员施加影响。辅助人员仅参与采购活动，不大关心产品或服务的使用，因此企业在对他们施加影响时可以考虑使用公关技巧，使他们对本企业的产品或服务产生偏爱心理。

2. 对利益相关程度不同的大客户成员施加影响

按照利益相关程度的不同，大客户成员分为拥护者、提出问题的人以及实权人物。针对不同利益相关者，企业可分别施加不同影响。

（1）对拥护者施加影响。拥护者会偏爱企业的产品或服务，针对这样的大客户成员，企业在销售过程中应该充分关注他们的行为，采取积极的行动，使拥护者对企业的良好印象进一步加深。

（2）对提出问题的人施加影响。提出问题的人是指那些在实际工作中有问题需要解决的大客户成员，这些问题可能就是大客户需求的源泉。因此，企业在对这些人施加影响时，应充分了解他们遇到的困难，并提供可行的解决方案，力争使这些人迅速成为拥护者。

（3）对实权人物施加影响。实权人物是指那些有权批准行动的人，其权力可能来自资历，也可能来自财权。企业在对他们施加影响前要对他们的立场有充分的了解，并且要非常谨慎。

3. 对接受程度不同的大客户成员施加影响

人们对新鲜事物的接受程度是不一样的，因此，企业可以对接受程度不同的大客户成员施加不同的影响。

研究表明，当新鲜事物出现时，首先会有一小部分客户接受它，他们是求新者。接下来，会有另外一小部分客户接受这一新鲜事物，他们被称为早期接受者。早期接受者是在求新者后接受新鲜事物的客户。紧接着接受的大部分客户是从众者，他们又可细分为早期从众者和晚期从众者。最后剩余的客户会随后接受这一新鲜事物，他们就是滞后者。对接受程度不同的大客户成员需施加不同的影响，下述方法可供企业参考。

（1）对求新者和早期接受者施加影响。这样的大客户成员接受新产品或服务比较快，企业在对他们施加影响时，要突出产品或服务新奇和新颖的特点。

（2）对早期从众者施加影响。这样的大客户成员是那些一旦发现某种理念或产品等确立了稳固的地位，就会接受的人。企业对这样的大客户成员施加影响时，首先要确立产品或服务的稳固地位，并将这一信息传递给这类大客户成员。

（3）对晚期从众者和滞后者施加影响。这样的大客户成员需要看到成功的案例才会尝试某一产品或服务。因此，企业对他们施加影响时，应该充分宣传产品或服务在其他客户那里获得成功的案例。

4. 对立场不同的大客户成员施加影响

在大客户内部，由于多种因素的影响，不同的成员会对企业有不同的态度和立场，因此企业必须对各个成员的态度和立场予以定位，分清谁是反对者、谁是支持者、谁是中立者。企业的目标在于战胜反对者，团结支持者，争取中立者。

（1）对反对者施加影响。这样的大客户成员，可能是因为自己的经验而偏向于其他供应商。在这种情况下，大客户销售人员应该通过各种途径改变他们原来的认识，树立自己所在企业的良好形象。还有一种可能是，企业的行为曾给大客户带来过损失，导致大客户成员的反对。在这种情况下，大客户销售人员应该尽量补偿他们的损失，争取使他们保持中立态度。

（2）对支持者施加影响。这样的大客户成员对企业非常重要，如果能够把所有的支持者组成一个联盟，使分散的个别力量变为集合在一起的力量，将使企业受益匪浅。

同时，企业还要注意追踪支持者的态度，通过适当的方法保证他们对企业长期支持。

（3）对中立者施加影响。这样的大客户成员对企业既不反对，也不表现出特别的支持，看似没有太大的作用，其实不然。在大客户成员中，往往中立者占绝大多数，企业要善于将这部分力量为己所用，把中立者变为同盟者。为此企业可通过施加影响或酬谢的方式，令其转变。

总之，企业在试图与大客户进行业务往来并建立良好合作关系之前，首先要接触大客户，了解大客户，并进一步在商业活动中影响大客户的决策。

关键点提示

企业对不同的客户类型可以施加不同的影响：

1.对参与程度不同的大客户成员施加影响；2.对利益相关程度不同的大客户成员施加影响；3.对接受程度不同的大客户成员施加影响；4.对立场不同的大客户成员施加影响。

4.5 如何与大客户建立关系纽带

工作场景描述

当企业要与大客户建立关系纽带时，可查看。

解读与分析

与大客户建立全面的关系是企业赢得大客户的有效途径。懂得服务心理的企业，销售常常从心开始。这里介绍四种与大客户建立关系纽带的方法。

1. 建立信任

信任是与大客户间建立良好关系的基础，没有信任，任何大客户关系都无从谈起。企业与大客户间建立信任关系的途径如下。

（1）组织各个层次的人到厂区参观。

（2）举办社会活动以及娱乐活动。

（3）进行高频率的接触。

（4）支持大客户的特殊活动。

（5）积极履行承诺。

（6）对大客户开展开放式的交流活动。

（7）积极解决共同的问题。

（8）对大客户将要面临的问题给予警示。

（9）高层管理者时刻关注大客户的发展。

（10）进行情感投资。

2. 制造进入障碍

所谓制造进入障碍，是指使竞争对手难以与某个或某些特定大客户建立起交易关系，从而达到加强企业与大客户间关系的目的。企业制造进入障碍的具体途径如下。

（1）制订竞争性低价策略。

（2）提供出色的产品或服务。

（3）与大客户保持联络。

（4）与大客户建立关系网络。

（5）为大客户提供基于全面业务的定价策略。

（6）与大客户共同制订长期合作计划。

（7）与大客户的创新队伍保持密切接触。

3. 巩固退出障碍

巩固退出障碍是指企业从大客户角度出发，通过各种措施使企业成为大客户不可或缺的供应商，使大客户不能选择竞争对手的产品或服务。企业巩固退出障碍的方法具体如下。

（1）让大客户产生技术依赖。

（2）给大客户优先配给权和销售折扣。

（3）为大客户提供融资方案。

（4）给予大客户财务上的支持。

（5）鼓励企业内交易。

（6）组建大客户俱乐部。

（7）针对客户需求进行个性定制产品服务方案。

（8）给予大客户特殊的培训支持。

4. 开展合作性风险项目

合作性风险项目能够使企业与大客户形成利益统一体，从而达到加强企业与大客户间关系的目的。企业与大客户开展合作性风险项目的方式有以下五种。

（1）为大客户指派专门的工作人员。

（2）组建合作项目队伍。

（3）在联合业务上进行风险合作。

（4）在市场调研中与大客户合作。

（5）与大客户分享数据库。

不言自明，大客户对于企业来说有着极其重要的地位，因此，企业与大客户间建立稳固的关系纽带势在必行。企业不仅要有积极的态度，而且要有切实可行的方法。从上面总结的内容来看，这种纽带关系的建立和保持从实质上来说就是企业要为大客户提供更加便捷的服务，在业务往来中逐渐形成互惠互利的双赢局面。

关键点提示

企业与大客户建立关系纽带有以下四种方式：

1.建立信任；2.制造进入障碍；3.巩固退出障碍；4.开展合作性风险项目。

4.6　如何应对大客户转向其他供应商的情况

工作场景描述

当企业大客户开始转向其他供应商时，可查看。

解读与分析

当企业大客户的采购量开始下降，且这种下降是由大客户转向其他供应商引起时，企业就应该警惕了。针对大客户的流失，企业应该做好以下工作。

1. 掌握造成大客户流失的内部原因及对策

企业内部发生的许多新情况都可能是造成大客户流失的原因，一般可以将这些情况划分为以下五种类型。

（1）重要人员发生调整。本书在如何与大客户进行有效沟通一节中介绍了企业与大客户建立的各种关系，其中简单关系和领结型关系很容易因为大客户经理等重要人员发生调整而中断，即发生大客户流失的情况。针对这一问题，企业在建立与大客户关系时应该注重关系的多层次性，对于那些具有长期合作关系的大客户，更应该与其建立多层次关系。重要人员发生调整的情况有很多，具体来说包括：大客户经理的工作能力有限，无法胜任该职；优秀的大客户经理被竞争对手挖走等。

（2）大客户对企业缺乏信任。不信任的产生主要是由于缺乏沟通，企业在沟通方面的失误会导致大客户失望。针对这一情况，企业要做的是及时解释失误的原因，这会在一定程度上改善买卖双方沟通不足的状况。

（3）大客户认为企业的供应缺乏持久性。大客户认为其没有受到足够的重视，是导致其认为企业的供应缺乏持久性的主要原因。针对这一问题，企业要及时对大客户的采购行为予以激励和奖励。同时，企业应主动向大客户介绍自己的最新产品或服务，而不仅仅是陈述自己的观点。

（4）企业文化的差异。买卖双方的企业文化存在差异，也是造成大客户流失的主要原因。很难想象一个保守的企业与一家忽略制度程序、全面扩张的企业之间能形成良好的合作关系。针对这一问题，企业要努力了解大客户的企业文化，力图在保持自身企业文化的前提下，做到充分尊重大客户的企业文化。

（5）企业自身问题。企业自身产品或服务质量的下降也是造成大客户流失的一个原因。这种情况是我们最不愿意见到的。针对这一问题，企业必须完善自身质量监管体系，增加监管力度，确保产品或服务质量的长期一贯性。

2. 掌握造成大客户流失的外部原因及对策

造成企业大客户流失的外部原因有两个。

（1）大客户的市场地位发生变化。大客户可能因为遭受打击而丧失自身的市场份额，这样对原材料、设备等的采购数量就会因此下降。针对这一情况，企业有两种对策。

①如果大客户丧失市场份额的原因是可以克服的，那么企业应该积极帮助大客户渡过难关。企业这样做，不仅可以保持自身的销售量，而且有利于加强企业与大客户的关系。

②如果大客户面临的问题是难以解决的，那么企业应果断放弃这一大客户。尽管企业注重与该大客户之间的合作关系，但是很少有企业愿意为一个市场份额不断萎缩的大客户提供服务。

（2）大客户的产品或服务组合发生变化。大客户因为竞争等多种原因改变了原有的产品或服务组合，在采购结构上发生了变化，进而影响到了采购计划。针对这一情况，企业要深入了解这种产品或服务组合的变化是否是一种趋势。当这种变化是一种普遍趋势时，企业应适当地考虑一下是否该对自身的产品或服务结构加以调整了。

在激烈的市场竞争中，需求方和供给方可能会经历很多变化，企业与大客户的关系也存在一些不稳定的因素。当企业与大客户的关系出现裂痕，大客户有意转向其他供应商时，企业要具体问题具体分析，灵活采取应对策略。

关键点提示

针对大客户流失问题，企业应做好以下两点：

1.掌握造成大客户流失的内部原因及对策；2.掌握造成大客户流失的外部原因及对策。

4.7　如何巩固与大客户间的合作关系

工作场景描述

当企业想巩固与大客户间的合作关系时，可查看。

解读与分析

巩固与大客户间的合作关系旨在提高大客户对企业的信任和依赖程度，使双方合作能够持续下去，进而达到增加销售量，提升企业利润的目的。巩固与大客户间的合作关系时，企业可以从以下四方面着手。

1. 加强生意上的合作

通过生意上的多方位的接触和合作，大客户对企业的了解将进一步加深，依赖性和信任感也会随之增强。企业可以从以下两个方面来加强与大客户生意上的合作。

（1）提供基于购买数量的优惠。大客户购买的产品或服务越多，能够享受到的优惠也就越多。这不是一种单纯的销售折扣，因为企业是基于以往的采购总量计算折扣的。例如，很多商场发行的积分卡就是利用这样的原理来加强与客户之间关系的。

（2）增加供应链的价值。增加供应链的价值就是，企业要让大客户从产品或服务中得到增值服务，使大客户不仅仅需要企业的产品或服务，更离不开提供产品或服务的企业。企业增加供应链价值的方法有以下四种。

①提升产品或服务的使用价值。这一般可以通过提升产品或服务的质量、性能等达到。

②提供附加的信息价值。常见的信息咨询就是提供信息价值的一种表现。为大客户介绍最新的技术动态，对大客户技术人员进行简单的技术培训等都是企业为大客户提供附加信息价值的方法，这对建立良好的合作关系非常有帮助。一般而言，企业在提供附加信息价值方面成本相对较小，所以企业要想提升供应链价值，做好信息服务是可行且必需的。

③效率附加。所谓效率附加，就是提高供货的效率、缩短供货时间。企业为大客户节约时间，能使大客户从容面对生产安排等问题，这是企业与大客户间建立良好合作关系的又一法宝。

④便利附加。企业为大客户提供最大限度的便利，同样是增加供应链价值的方法。例如，丰田汽车在将需要维修的汽车取走之后会留一辆汽车给客户使用，有时甚至还会在这辆车的座位上留下一枝玫瑰花或50美元，以表达给客户带来不便的歉意。在如今这个繁忙的社会，企业为大客户提供方便是增加供应链价值的一种特别有成效的方法。

2. 加强与大客户成员间的关系

人都是有感情的，与大客户内部成员保持良好的关系是企业巩固与大客户合作关系的一种有力手段。

（1）征求决策者的意见。大客户销售人员必须征求大客户内部至少三位决策者的意见，必须保留详细的、主要的大客户的相关信息。这种信息应在企业内共享，不能让大客户销售人员据为己有。

（2）企业主管或高级经理与大客户主要决策者之间的关系。针对大客户，企业应该确保主管或高级经理与大客户内部的主要决策者建立积极的关系，如定期举办商讨战略的会议、共进午餐或打高尔夫球等。

（3）专家与专家的关系。在企业与大客户之间，研发部门或财务部门通常可以建立一种稳固的关系，以促进企业与大客户间相互了解。

3. 加强售后服务

对巩固客户关系而言，售后服务是不可或缺的。事实上，售后服务从交易达成的那一刻起就已经开始。以下介绍针对大客户销售需要加强的售后服务。

（1）安装调试服务。对于大客户而言，如果购买的产品价值高，操作复杂，那么就需要企业及时提供安装调试服务，以便大客户的生产顺利进行。

（2）维修服务。维修网络对增进企业与大客户间的关系是至关重要的。例如，著名的奔驰汽车公司仅在德国就设有一千多个维修点，有数万名员工从事维修和保养工作。

（3）长期跟踪服务。对大客户销售来说，长期跟踪服务是必不可少的工作环节。长期跟踪服务一般包括以下几方面工作。

①核查订货。在每次发货前，企业应与大客户核对有关事宜，例如货源、发货时间等。这样能够让大客户了解企业为发货所做的准备工作及进展情况。

②主动提供服务。当大客户收到产品或使用了产品以后，大客户销售人员应主动提

供服务，而不是等大客户提出异议后再提供服务。在解决一些小问题时，大客户销售人员积极的态度也会增强与大客户之间的关系。

③及时更新大客户记录。每一次跟踪服务后，大客户销售人员都要对大客户记录进行更新，这是做好跟踪服务的关键。企业应从这些记录中发现有变化的大客户，这样做既可为以后的销售工作做铺垫，也可帮助大客户销售人员进一步了解大客户。

4. 与大客户间建立学习关系

企业可通过一对一营销活动，与大客户间建立学习关系。一对一营销是指企业与每一位大客户进行双向沟通，深入了解每一位大客户的需要，以便利用日益详尽的信息为大客户提供最好的产品或服务。

在面向大客户的销售中，一对一营销活动是非常普遍的。企业向每一个大客户学习，不断深入地了解其需求和喜好，可明显地增强企业的竞争力。学得越多，企业就越能贴合大客户的消费价值观，竞争对手就越难“挖走”大客户。这种一对一的学习关系可以有效地巩固企业与大客户间的合作伙伴关系。

从某种意义上讲，和做人一样，诚实守信、积极进取同样适用于经营企业。在激烈的行业竞争中，企业不是孤立的个体，而是行业价值链的组成部分。若企业时刻保持高度的进取心，不断提高经营水平和业务能力，扩大自身的竞争优势，自然就能与上游供应商和下游客户建立密不可分的关系，无形中巩固与大客户合作共赢的局面。

关键点提示

企业巩固与大客户间的关系时，可以从以下四方面着手：

1.加强生意上的合作；2.加强与大客户成员间的关系；3.加强售后服务；4.与大客户间建立学习关系。

4.8　如何使大客户满意

工作场景描述

当企业想提高大客户的满意度时，可查看。

解读与分析

大客户的满意度与大客户的忠诚度息息相关，提高大客户的满意度是企业提升大客户忠诚度的一种直接手段。本节介绍提高大客户满意度的具体方法。

1. 降低大客户的期望值

大客户满意度是建立在大客户期望值之上的。一般来说，满意度是大客户的期望值与实际感受之间的相符程度。大客户拥有相同的实际感受，却有不同的满意度，这是因为他们的期望值不同，期望值低的大客户满意度高，因此大客户销售人员要降低大客户的期望值，以提高大客户的满意度。降低大客户期望值的方法有以下几种。

（1）以说明的方式改变大客户的期望值。大客户的期望值虽是一种既定认识，并由大客户的经验和已知信息构成，但也是可以改变的。例如，企业与大客户间发生了这样的对话。“上个月某企业购买这样的产品只花了60万元！”“噢，您说得很对。但那时此种产品正在促销。”

从以上的对话中我们可以看出，大客户用自己现有的信息去描绘期望值，大客户销售人员可以善意地去修正他的话，以改变大客户的期望值。

（2）改变大客户的思维方式，以降低其期望值。大客户销售人员可以通过改变大客户对某一事物的思维方式，来达到降低其期望值的目的。这也是一种比较有效的方法。例如，企业与大客户间发生了这样的对话。“以往我们购买的同类产品，价格比这个低多了。”“的确，但是那时产品是批量生产的，而现在您要自行定制，因此我们需要重新进行设计，价格当然就会高一些。”

（3）利用期望值的脆弱性。一般而言，大客户根据以往的经验或已知信息建立起来的期望值往往是不稳定的，会呈现出相当强的脆弱性。当然，这种情况主要出现在大客户期望值建立的初期，这个时候往往大客户对自己的期望值还不够自信。大客户销售人员要抓住这个时机，降低大客户的期望值。

2. 增加大客户的感受价值

根据满意度的定义，增加大客户的感受价值也是企业提高大客户满意度的一个途径。诚然，提升产品或服务的价值是提高大客户感受价值的根本途径，此外还有一些成本低的提高大客户感受价值的方法。这里给出一些常常被大客户销售人员忽视的技巧。

（1）应用“悬念”原则。所谓“悬念”原则，就是通常所说的“吊胃口”。可以肯定地说，企业在增加大客户感受价值时，并不是一次提供的价值越大越好。因为，一次提供太多价值之后，大客户以后的期望值就会升高，再想让大客户满意就难了。因此，在适当的时候再亮出企业的底牌，是增加大客户感受价值的一个技巧。

（2）激励、保健因素有机结合。激励、保健因素是最早由美国心理学家提出的管理学上的概念。保健因素是指造成大客户异议的因素，缺少了它，大客户会不满意，有了它，大客户未必会满意；而激励因素是使大客户满意的因素，缺少了它，大客户不一定会不满意，但有了它，大客户可能会更满意。

面对有限的资源，企业应先区分哪些是保健因素，哪些是激励因素，然后在此基础上，保证保健因素的投入，并集中优势资源完善激励因素。

3. 主动为大客户服务

从心理学的角度来看，如果企业不主动提供服务，那么在大客户看来，企业就是不积极的，并没有给予大客户应有的重视。大客户的这种看法或许太苛刻，但是事实就是如此。

大客户满意度有两层含义：行为意义上的大客户满意度和经济意义上的大客户满

意度。行为意义上的大客户满意度是大客户在历次购买活动中逐渐积累起来的连续的状态，是一种经过长期沉淀形成的情感诉求。它是一种不仅仅限于“满意”和“不满意”两种状态的总体感觉。

事实显示：一位非常满意的大客户会将其满意的状态告诉至少12个人，其中大约有10个人在产生相同需求时会光顾该企业；相反，一位非常不满意的大客户会把不满告诉至少20个人，这些人在产生相同需求时几乎不会光顾该企业。

4. 适时帮助大客户

中国有“患难见真情”的古训，这也是企业在与大客户打交道时能够加以利用的。适时帮助大客户是企业提高大客户满意度的一条捷径。大客户得到帮助后很可能将不仅仅把企业视为一个普通供应商，而是视为合作伙伴，这是提高大客户满意度所要达到的根本目的。

总之，在企业与大客户的业务往来中，如果每次交易都能让大客户对企业的产品或服务和企业的行为方式感到满意，那么就在一定程度上培养了大客户的忠诚度，企业和大客户之间就能逐渐建立持久的伙伴关系。

关键点提示

企业提高大客户的满意度时，可以从以下四个方面着手：

1.降低大客户的期望值；2.增加大客户的感受价值；3.主动为大客户服务；4.适时帮助大客户。

4.9 如何进行大客户满意度调查

工作场景描述

当企业对大客户满意度调查的方法和方式不清楚时，可查看。

解读与分析

大客户满意度调查是提高大客户满意度的重要手段。据统计，约有70%的大企业每年都进行各种形式、针对各层级客户的满意度调查，以使高层管理人员了解客户，尤其是大客户的满意度。本节介绍大客户满意度调查的步骤和方法。

1. 满意度调查的步骤

大客户满意度调查是一种实地调查，它是一项科学、务实的工作。企业在进行大客户满意度调查时要遵循以下几个步骤。

（1）运用试探性研究确定调查项目。这一步骤是用来确定调查项目的。调查项目是大客户认为重要的项目。确定调查项目时，企业要回答以下六个问题。

①目前有多少大客户？

②有哪几类目标客户群？

③向大客户提供哪些服务？

④竞争对手有哪些？

⑤企业有哪些优势和劣势？

⑥哪些因素会影响大客户的行为？

（2）定性研究。这是满意度调查的第二步。它的任务是通过探访大客户，以及对大客户有关资料的收集，了解以下问题。

①对某项业务而言，哪些指标对大客户更重要？

②大客户认为企业在上述指标方面的表现如何？

③大客户认为竞争对手在上述指标方面的表现如何？

④什么因素阻碍了企业在上述指标方面的表现？

（3）定量调查。这是满意度调查的关键部分。在调查过程中，企业需要明确以下问题。

①满意度调查的范围是什么？

②调查的可信度有多大？

③有效样本数应为多少？

④样本是如何分布的？

⑤采取何种方法抽取样本？

（4）利用成果。所谓利用成果，就是对定性研究和定量调查结果进行分析，撰写调查报告。企业可以据此评估调查结果，确定需要采取行动的方向，制订改进计划和进行策略分析。

（5）跟踪结果。这一步骤是在企业采取改进措施之后，对这些措施对大客户满意度产生的影响做跟踪观察。企业通过这种观察可以确定改进措施是否有效，是否需要进一步更正某些计划等。

2. 满意度调查的方式

企业在选择大客户满意度调查的方式时要格外谨慎，因为满意度调查也是企业与大客户接触的一种形式，如果处理不当，反而会导致大客户对企业的满意度下降。

一般而言，企业针对大客户满意度的调查方式主要有三种：电话访问、登门访问和邮寄问卷。通常来讲，电话访问和登门访问的成功率比较高，邮寄问卷的成本较低，企业可根据自身情况选择相应的调查方式。

另外，企业在选择调查方式时还应尽量降低企业员工对最终结果的干扰。例如，让大客户销售人员直接对大客户进行满意度调查就可能反映不出什么问题，因为大客户销售人员会暗示访问对象这个调查对他来说很重要，大客户会出于感情因素在问卷中不加选择地表示都很满意。

3. 正确解读满意度调查结果

在解读调查结果的过程中，企业可以根据大客户提供的信息进行评分，一般采用5分制：1分表示非常不满意；2分表示不满意；3分表示较满意，但尚需改进；4分表示满意；5分表示非常满意。

4. 弥补满意度调查的不足

满意度调查只是针对企业总体的调查，大客户的评分并不能反映出企业具体出现了哪些问题。因此，针对重要大客户认为“不满意”的问题，企业应及时回访，深入了解问题，解决问题。

另外，大客户流失本身就意味着他们对企业“不满意”，因此企业有必要对这些流失的大客户进行有针对性的调查，以便找到改进的方向。

当大客户在与企业合作过程中存在不满，并且这种不满逐渐积累时，大客户对企业的信任和忠诚度就会大打折扣，很可能会向竞争对手靠拢。为避免发生这种情况，企业应留心大客户的满意度，对大客户进行满意度调查，定期了解其动向，并对反馈结果中不满意的情况进行分类、整理，这对确定今后工作改进方向也有一定的指导意义。

关键点提示

企业进行大客户满意度调查时应关注以下四个方面：

1.满意度调查的步骤；2.满意度调查的方式；3.正确解读满意度调查结果；4.弥补满意度调查的不足。

4.10　如何处理大客户的抱怨

工作场景描述

当企业面对大客户的抱怨不知所措时，可查看。

解读与分析

如何处理大客户的抱怨是企业能否成功留住大客户的关键，也是直接对大客户忠诚度产生影响的因素。企业在处理大客户抱怨时应掌握以下几点。

1. 掌握引起大客户抱怨的原因

引起大客户抱怨的原因很多，下面对大客户抱怨做了简单分类。

（1）大客户销售人员没有礼貌、热情地同大客户交流引起的抱怨。大客户投诉是因为感到自己没有受到重视，没有受到大客户应有的礼遇。

（2）大客户销售人员没有用心倾听大客户的谈话引起的抱怨。这时大客户会认为自己的需求没有受到关注，没有真正得到企业的肯定。

（3）大客户销售人员业务不熟练引起的抱怨。这种情况下，大客户会对企业的能力产生怀疑，会直接影响大客户对企业的看法。

（4）大客户销售人员对大客户的承诺没有兑现引起的抱怨。这时，大客户对企业的信任会面临危机，进而企业与大客户之间辛辛苦苦建立起来的关系也会面临危机。

（5）大客户销售人员没有向大客户解释清楚而使大客户遇到麻烦引起的抱怨。此时，大客户会认为企业对他们不负责任，没有履行企业的基本义务。

（6）大客户销售人员没有按照大客户的要求做引起的抱怨。这种情况将会使大客户认为自己受到愚弄而降低对企业的信任值。

（7）大客户销售人员同大客户争执引起的抱怨。这可能是大客户销售人员对大客户不信任或嘲弄大客户引起的，这将严重打击大客户的自尊并直接威胁到企业与大客户的关系以及大客户对企业的忠诚度。

事实上，大客户抱怨并不是一件坏事。哈佛大学教授李维特在《哈佛商业评论》中说道："与客户之间关系走下坡路的一个信号，就是客户不抱怨了。"大客户向企业抱怨恰恰从另一个角度说明大客户还是信任企业的。

2. 掌握平息大客户不满的步骤

研究发现，提出抱怨的大客户，若问题获得圆满解决，其忠诚度要比从来没有遇到问题的大客户高。企业解决问题的热忱会让大客户更加信赖企业，这就为双方未来的业务合作奠定了基础。当大客户不满时，企业可以通过以下步骤来解决。

（1）让大客户发泄。当大客户不满时，他一定心烦意乱，这时他只想做两件事情：表达他的情绪和使他的问题得到解决。这就是人们经常提到的"先解决心情，再解决事情"。从心理学上讲，这其实就是一种"心理净化"现象。

当大客户高声抱怨的时候，企业的大客户销售人员插话可能会使情况更糟。大客户销售人员要避免使用以下句式："您可能不明白……""您肯定弄混了……""您应该……""我们不会……""您弄错了……""这是不可能的""您别激动"。相反，大客户销售人员应该不断地点头，不时地说"是""啊""哎"并保持关注的眼神、倾听的姿态及微笑。

（2）充分道歉，让大客户知道企业已经了解了他的问题。

①说声对不起。大客户销售人员要不时地表示歉意，即使发现问题有解决方案，也不要在大客户开口时打断他。当认为大客户的心情开始平复和趋于理智时，大客户销售人员再开始与大客户讨论处理办法。但注意，当大客户提出的抱怨缺乏合理性时，大客户销售人员要表示理解，但不应立即反驳或告诉他企业无能为力。

②让大客户知道企业已经了解了他的问题。边听边记录是一个不错的办法，这样可以使大客户感觉自己受到了充分重视并可以使大客户销售人员掩饰自己不悦的表情。一

定要用最精炼、准确的语言重复和总结大客户的话，让大客户感觉到他的意思已经被完全理解。

（3）收集足够的信息。大客户有时会忽略一些重要的信息，因为他们认为这些信息不重要。大客户销售人员有必要收集以下信息。

①大客户到底要什么?

②大客户资料。

③客户所提问题的真实需求是什么?

④这个问题是不是能够独立解决?

获得上述信息的方法是提问，所提问题可以是了解身份的问题、描述性问题、澄清性问题、有答案可选的问题以及询问其他要求的问题。

（4）给出一个解决方法。寻求解决方法时，有以下几个思路。

①这是谁的问题？企业能不能解决?

②有没有替代方案?

③若企业不能解决问题，该怎么办?

④给大客户一个补偿性关照。

（5）如果大客户仍不满意，问问他的意见。

处理大客户抱怨是一件很棘手的事，不仅需要耐心，更需要技巧。如果处理不当，企业与大客户建立的长久合作关系可能就会难以维系，甚至会导致双方不欢而散。大客户既然提出抱怨，一定意味着交易过程中出现了某些问题，可能是企业自身的原因，抑或是大客户过于挑剔。不管怎样，企业都应重视大客户的抱怨并及时平息大客户的不满，提升大客户的忠诚度。

关键点提示

企业在处理大客户抱怨时应该做到以下两点：

1.掌握引起大客户抱怨的原因；2.掌握平息大客户不满的步骤。

4.11 如何为大客户创造价值

工作场景描述

当企业想从本质上提升大客户忠诚度，为大客户创造价值时，可查看。

解读与分析

提升大客户忠诚度从某种意义上讲，就是企业要让大客户感觉到只有我们的产品或服务才是对他最有利的。对于企业来说，为了提升大客户忠诚度，是应着眼于产品或服务质量的提高，还是降低产品或服务的价格？可能都不是。企业要达到这个目的，关键在于要不断地为大客户创造价值。当企业想从本质上提升大客户忠诚度时，需做到以下几点。

1. 明确大客户忠诚于谁

当产品或服务销售不旺、市场份额减少、大客户纷纷流失的时候，常听到一些为此焦虑的经理人这样评论道："客户不如以前忠诚。"他们对自身实际经济状况的估计也许是对的，但是对产生这种状况的解释却是错误的。

实际上，大客户仍然像过去一样忠诚——忠诚于自己，只是我们误以为他们是对我们忠诚。大客户忠诚且永远只忠诚于一个实体，那就是他们自己。经济全球化带来的企业竞争赋予大客户更多的选择，他们现在比以往任何时候都具有这种忠诚于自己的资格。或者说，大客户只忠诚于能为他们创造价值的企业。

2. 正确认识价值

“价值”一词现在已根植于商业思维中，例如价值工程、增值、价值观念等。但从现实来看，到底什么是价值呢？在传统模式里，企业若要让大客户价值实现最大化，就需要提高产品或服务质量，或降低产品或服务价格。但如果与大客户沟通良好并且深知他们的价值偏好，企业就可以设立一个以大客户为中心的组织，专门提供对大客户而言至关重要的产品或服务并常常超出大客户的期望值，以此来实现大客户价值最大化。

3. 为大客户创造价值

研究表明，那些有效开展大客户服务、深入了解大客户需求的企业，其盈利额始终比那些在这方面迟迟未有动作的企业高得多。其实原因很简单，那些盈利多的企业为自己的大客户提供了更多的价值。然而，这种额外价值并不是通过降价实现的，而是通过更好地解决大客户的问题实现的。

笔者曾经有过这样一次经历。一次，我家购买了一台液晶电视，安装工人面带微笑，进行着很专业的安装操作。有一个细节引起了我的注意，挂件、螺丝钉等很多配件不是一套的，看上去是七拼八凑的，随即我问了他，他说：“这些没有成套的，反正这些东西放在电视后面，别人也看不到。”我说：“我可以看到！”当时我表现出了不高兴的神情。安装工人明显看出了我的不悦，但是安装完毕后，还是生硬地向我推销了“美延保”。在这次经历中，安装工人并没有以满足客户真正的需求为出发点，更没有想到客户忠诚度的问题，显然，作为客户的我下次再不会选择这个品牌了。

企业不是也有类似做法吗？当产品或服务不能满足大客户真正的需求时，企业就盲目削减价格，取消各种手续费，给予优惠折扣，或是提供补偿性的产品或服务。这种策略不是治本之策，因为大客户真正需要的不是低廉的价格或无关的服务，而是真正的解决方案。因此，企业要想从本质上提高大客户的忠诚度，就要站在大客户的立场上为他们创造价值。

企业不能只抱怨大客户丧失了对产品或服务和品牌的忠诚，而要努力创造“交易”忠诚。“交易”忠诚意味着企业必须使每个产品或每项服务都趋于完美，保证大客户不断地购买企业的产品或服务。

关键点提示

当企业想从本质上提升大客户忠诚度时，需要做到以下三点：

1.明确大客户忠诚于谁；2.正确认识价值；3.为大客户创造价值。

4.12 如何利用其他因素培养大客户忠诚度

工作场景描述

当企业想利用其他因素培养大客户忠诚度时，可查看。

解读与分析

随着市场竞争越来越激烈，价格对企业培养客户忠诚度的作用下降了，而非价格因素对于培养客户忠诚度，特别是大客户忠诚度越来越重要。本节给出了利用其他因素培养大客户忠诚度的方法。

1. 创造完美的采购经历

大客户采购存在重复购买的情况。就销售环节而言，企业要在大客户重复购买的过程中一直保持美好的形象，给大客户留下深刻的记忆。这一记忆往往是大客户决定是否忠诚于企业的关键因素。

2. 坚持销售“理念”

正确的销售应该是理念的销售，而不是产品或服务本身的销售。大客户销售人员在销售过程中应当鲜明地体现企业的服务理念。例如，在为争取大客户而进行企业介绍时，大客户销售人员应当首先阐述市场调研的种种益处，并对潜在大客户进行理念的灌输，同时建议他们在确定一家供应商之前应当进行广泛的考察。

3. 培养真正的互动

通过互动，企业和大客户双方能够在某种程度上满足各自的需求。在企业与大客户之间培养真正的互动时，企业要尽力去了解不同大客户的具体情况，以便有针对性地提供出色的服务。

4. 产品销售以服务为先导

企业的最终目的是把产品或服务推销出去，但企业不能够强迫大客户接受企业的产品或服务。事实上，一套出色的服务流程，能够使产品或服务销售容易很多。优质的服务不仅能够使大客户感到自己被尊重和被重视，还能帮助大客户提升利润空间，从而达到提升大客户忠诚度的目的。

5. 使大客户参与决策

重视、尊重大客户是企业赢得大客户忠诚的先决条件。使大客户参与企业决策是对大客户表示尊重的最佳途径。

6. 建立大客户俱乐部

通过建立大客户俱乐部，企业可与大客户间形成某种社会关系。很明显，像大客户俱乐部这种组织能够更好地为大客户服务，满足大客户的个性化需求，实现与大客户的零距离接触。

7. 提高关系质量

关系质量指大客户对企业及其员工的信任感和满意感。企业不仅应为大客户提供优质的产品或服务，提高大客户的消费价值，还应提高关系质量，与大客户建立、保持并发展长期的合作关系。

8. 利用数据库建立大客户档案

企业可以利用数据库建立大客户档案，并以此与大客户保持长久的联系。

9. 应用产品差异化赢得大客户忠诚

产品差异化是非价格因素中的重要因素，是企业培养大客户忠诚度的重要考虑因素。企业的产品差异化表现为不同的层次水平。

第一层次：外观差异化。外观是大客户与产品的第一个接触点，对产品来说，这种差异化属于较低的层次，也比较容易做到。

第二层次：功能差异化。功能是促成大客户购买产品的真正动因。功能的差异化意味着产品性能要不断优化。这种层次的产品差异化，需要研发人员来实现，难度比较大。

第三层次：定位差异化。一切差异化的目的，最终都是实现定位的差异化。定位差异化是最深层次的差异化，也是耗费最大的差异化——定位差异化的决定权在大客户手里，只有他们才有最终的发言权。

有人指出，概念是产品的灵魂。其原因就在于概念在难度最大的定位差异化的形成过程中能起到提纲挈领的作用。比如，某果汁产品根据自己的产品概念“三种果汁在里面”设计了记忆度极高的电视广告后，短期内产生了较高的购买率，快速形成定位差异化，从而让产品以极低成本成功上市。

大客户在购买产品或服务时，价格因素的影响有限，企业一味地使用低价优惠策略，效果可能并不明显。企业综合利用上述因素，往往能产生事半功倍的效果。

关键点提示

企业利用非价格因素培养大客户忠诚度的方法有以下九种：

1.创造完美的采购经历；2.坚持销售“理念”；3.培养真正的互动；4.产品销售以服务为先导；5.使大客户参与决策；6.建立大客户俱乐部；7.提高关系质量；8.利用数据库建立大客户档案；9.应用产品差异化赢得大客户忠诚。

4.13　成功的大客户忠诚度计划的特征是什么

工作场景描述

当企业想制订大客户忠诚度计划时，可查看。

解读与分析

即使大客户对企业的忠诚度已经很高了，企业还是应该注重制订并执行忠诚度计划，因为大客户希望自己能从与企业的交易中得到更多回报。另外，忠诚度计划能使企业产生附加利润，可提高企业竞争力。

1. 低成本高预知价值

忠诚度计划的成本通常不超过企业总收入的2%。因此，企业必须找到一个实际成本较低、预知价值较高的项目。提高大客户服务质量是提高预知价值的一种手段。例如，现在很多企业都会根据大客户消费额的不同设置不同的服务等级，比如会为一些消费额较高的大客户提供金卡服务。这种服务包括提供一间特别的休息室、免费咖啡，邀其参加新品发布会和免费泊车等。金卡服务的成本其实很低，但大客户们的预知价值却很高。

2. 适用

众所周知，航空公司提供免费空中旅行很有意义，但也有一些非常不适当的忠诚度计划。例如，一家餐厅推出消费10次可获得一张飞往巴黎的机票的促销计划，这样的计划难免会半途而废。

3. 提供多种选择

如果企业希望优惠对大客户有意义，就应该为大客户提供多种选择。单一的选择往往令大客户产生厌倦心理，比如汽车司机很快会对免费的眼镜等单一奖励感到厌倦。如果我们可以为大客户提供多种可供选择的商品作为奖励，大客户可以根据自身所需从中选择物品，就在无形中放大了奖励物品对大客户的心理作用，自然就会提高大客户对企业的好感度和忠诚度。

4. 便利

对大客户忠诚的奖励应是大客户很方便就能获得的。如果企业要求他们办理复杂的手续，那么这一方案很可能会失败。

5. 可仔细核算

企业必须严格控制忠诚度计划的实际成本。企业应仔细核算制订和实施忠诚度计划的成本，做出成本评估，制订明确的目标，以衡量忠诚度计划所能增加的盈利。

6. 大客户信息增加

忠诚度计划要给企业提供更多、更实际的大客户信息。企业需要不断地改进忠诚度计划。

总之，大客户忠诚度计划对企业来讲大有裨益。企业可以凭借此计划有步骤、有目的地培养大客户的满意度和忠诚度，并因此与大客户产生默契，进而建立长久的合作伙伴关系。

关键点提示

一个成功的大客户忠诚度计划应具备以下特征：

1.低成本高预知价值；2.适用；3.提供多种选择；4.便利；5.可仔细核算；6.大客户信息增加。

4.14　如何拟订大客户盈利报告

工作场景描述

当企业要拟订大客户盈利报告时，可查看。

解读与分析

提升企业利润的基础是准确测度每一个大客户为企业创造的收益。了解大客户对企业的贡献是企业做出进一步规划的前提，本节介绍拟订大客户盈利报告的步骤。

1. 计算销售总额

销售总额是某一大客户一年时间中各项产品或服务的采购数量与相应单价的乘积之和，即：

销售总额=∑各项产品或服务的采购数量 × 相应单价（价目表中的全价）

2. 计算折扣

这里的折扣是各种折扣的总称，例如计价折扣、特殊营销事件产生的折扣以及高于一般水平的折扣等。另外，值得注意的是，大客户因为一次性付款或提前付款等获得的优惠也应计入折扣中。

3. 计算直接成本与费用

直接成本与费用会因企业生产的产品或提供的服务的不同而不同，一般包括以下几种。

（1）制造成本：实际发生的制造费用。

（2）运输费用：将货物运输到大客户处产生的费用。

（3）销售成本：在销售过程中产生的成本，包括管理费用。

（4）服务费用：为大客户提供安装、培训等服务所产生的费用。

4. 计算分摊的间接费用

除了上述直接成本与费用之外，企业的正常运转还将产生一些间接费用，这些费用要在不同的客户之间分摊。一种常用的分摊标准是销售总额，即销售总额高的客户分摊的间接费用多。

直接成本与费用可以直接划归具体对象，比如相应的产品或服务。例如，大客户销售团队产生的费用就可以直接划归到为某一大客户提供的服务上。间接费用不能划归到具体对象上，例如，企业高层管理人员的工资以及奖金等。

5. 计算大客户创造的利润

在得到上述数据的基础上，企业就可以得到大客户创造的利润了，计算公式如下：

创造的利润=销售总额-折扣-直接成本与费用-分摊的间接费用

6. 大客户盈利性分析

大客户盈利性分析是盈利报告的核心部分，它通过对上述数据进行整理加工，得出对企业制订销售战略非常重要的结论。盈利性分析的内容应包括以下几点。

（1）每个大客户的销售额占总销售额的比重。

（2）每个大客户创造的利润占总利润的比重。

（3）每个大客户产生的销售费用占总销售费用的比重。

（4）不同大客户之间的横向比较。

（5）针对不同的大客户，给出不同的销售策略。

通过大客户盈利性分析，企业可以对现有大客户进行归类，并在此基础上针对每一类大客户提出销售策略。企业的大客户一般可以分为以下三类。

（1）放弃型大客户。这样的大客户不但不能为企业创造利润，甚至会为企业带来负利润。

（2）维持型大客户。这样的大客户为企业创造了大量利润，是企业需要进一步加强关系的大客户。

（3）增长型大客户。这些大客户的利润率较高，但是为企业创造的利润总额不高。通过与这样的大客户达成更多的交易，企业能够进一步增加利润。

总之，大客户盈利报告是企业全面分析大客户的一个途径，企业在与大客户交易的过程中，通过成本、利润和大客户盈利性分析，能够全面掌握大客户的交易动态以及对企业利润的贡献情况，从而更加积极、稳妥地开展相应的工作。

关键点提示

企业拟订大客户盈利报告的步骤如下：

1.计算销售总额；2.计算折扣；3.计算直接成本与费用；4.计算分摊的间接费用；5.计算大客户创造的利润；6.大客户盈利性分析。

4.15　如何使现有大客户消费更多

工作场景描述

当企业希望使现有大客户消费更多时，可查看。

解读与分析

现有大客户是企业的一笔宝贵财富。企业要通过对他们进行关怀实现销售量的增加，实现促进大客户重复采购的目标。本节给出三种促进大客户重复购买的策略。

1. 成为唯一供应商

大客户可能为了使供应商之间形成竞争关系，而从多个供应商那里采购产品或服务。面对这样的情况，企业可以通过成为唯一供应商的方法提高大客户在本企业的采购量。具体步骤如下。

（1）与大客户形成良好的交易关系，在大客户心目中树立优秀形象。

（2）逐步蚕食其他供应商的份额，使自己成为大客户的重要供应商。

（3）成为重要供应商之后，在适当的时候告知大客户，如果进一步增大采购份额，将得到更多的优惠。此时大客户已经充分肯定了企业的实力，很难拒绝进一步优惠的诱惑。

2. 服务升级

大客户购买的不仅仅是产品或服务，更是企业提供的其他服务。产品或服务背后的其他服务是如今市场竞争的核心。当大客户逐渐依赖企业提供的其他服务，便不得不逐渐提升这一企业的采购份额了。因此，服务升级是取得大客户信任，从而进一步提高采购量的一个有效途径。服务升级的途径包括以下几种。

（1）对于提供原材料的企业来说，全面了解大客户的库存情况，提供库存管理服务是一种有效的服务升级方式。

（2）对于提供设备的企业来说，为大客户的员工提供培训机会是一种常用的服务升级方式。

（3）对于本身就是提供服务的企业来说，帮助大客户整合各种需求是一种有效的服务升级途径。

（4）提供财务帮助也是企业为大客户提供升级服务的常见手段。

通用公司非常注重为大客户提供升级服务，保证大客户获得优质服务是其一贯宗旨。通用公司为了达到这一目标，为大客户建立了专门的俱乐部，保证其可以获得最新的信息以及与企业交流的机会。俱乐部对于大客户来说，不仅是与通用公司沟通的途径，而且是与很多会员交流的途径。俱乐部的会员是通用公司的一笔宝贵财富，对于会员们来说，其他会员也是自己企业的宝贵资源。

3. 关注大客户的规划

在与大客户建立了良好交易关系的基础上，关注大客户新产品的设计、新项目的投资等，能够使企业在第一时间了解大客户未来采购情况的变化。这将便于企业了解大客户对自身产品或服务的需求情况，进而及早做好销售准备，为未来的销售奠定基础，从而提高销售量。

大客户是企业的主要财源，对其的销售额影响着企业的销售利润。显然，增加与大客户的交易数量会给企业带来更大的利益。如何刺激现有大客户购买更多的企业产品或服务，是大客户销售团队拓展大客户市场时急需解决的问题。关于这一问题，本节提出了很多思路和建议，可供大客户销售人员借鉴参考。

关键点提示

企业促进大客户重复购买的三种策略是：

1.成为唯一供应商；2.服务升级；3.关注大客户的规划。

4.16 如何为现有大客户提供新产品或服务

工作场景描述

当企业希望为现有大客户提供新产品或服务时，可查看。

解读与分析

大客户的需求以及所处环境是不断变化的。企业与大客户建立长久关系的基础，是不断推出新产品或服务，以满足他们日益变化的需求。本节给出了为现有大客户提供新产品或服务的具体方法。

1. 延长产品或服务生命周期法

对大客户来说，其采购的产品或服务的生命周期是一个直接影响成本的因素。相同功能的产品或服务，生命周期长意味着成本低，生命周期短则意味着成本高。针对这一特点，企业可以通过延长产品或服务的生命周期来帮助大客户节约成本，以利于今后向其推广更多的产品或服务。

2. 降低使用成本法

大客户使用企业产品或服务的成本不仅包括采购时所支付的价格，还包括存储成本、操作成本、报废处理成本和管理成本。企业使用降低使用成本法为大客户提供新产品或服务时，要切实在上述几个方面降低大客户的成本，实现大客户利润的增加。实现这一目标，大客户就能顺利接受新产品或服务了。

3. 节约时间法

大客户所处的行业可能对时间非常敏感，商机稍纵即逝。面对这样的情况，企业在向大客户提供新产品或服务时，应着重强调节约时间这一特点。例如，某公司在面向其大客户——某律师事务所的销售中，就充分强调了其产品或服务能够节约律师们整理资料所需的时间。而时间正是律师们最看重的，因为他们的时间成本很高。

4. 降低财务成本法

在许多行业，企业的资金成本要比其大客户低。这样一来，企业就可以为大客户提供财务支持，降低大客户的财务成本，使得大客户有能力采购供应商提供的新产品或服务。

企业为大客户提供的最常见的财务支持方式是租赁。很多企业都构建了自己的租赁方案。另一种降低财务成本的方法是缩短大客户的资金周转时间，从而帮助他们节约财务成本。

5. 改变大客户观念法

市场是创造出来的，一个企业不仅要适应大客户的需求，适应市场，而且要引导消费，创造市场。据调查，在整个市场需求中，潜在需求占70%~80%，因此，企业要善于通过自己的努力来挖掘潜在市场，唤醒“沉睡”的大客户需求。

改变大客户的采购观念是推广新产品或服务的一种有效途径，这可以通过大客户成员培训、召开产品或服务发布会以及组织座谈会等具体手段实现。

6. 产品或服务销售延伸法

在企业的主营产品或服务被大客户接受以后，企业可以把自己的延伸产品或服务向大客户进行推广。所谓延伸产品或服务，是指一些附属产品或服务，或是利用现有技术设备资源生产的类似产品或服务。对于企业来说，一定时期内用于推销的资源是一定的，这些资源包括人力、资金和销货渠道等。企业要处理好主营产品或服务和延伸产品或服务的关系，如果处理不好，延伸产品或服务就会和主营产品或服务“争食”——争夺有限的市场推广费用，争夺销售渠道，甚至争夺市场。一旦出现这样的情况，不仅达不到推广企业的延伸产品或服务的目的，还会影响主营产品或服务的利润。

因此，如何处理主营产品或服务和延伸产品或服务的关系就显得尤为重要。其解决办法是，企业首先要确定自己的主营产品或服务是什么，延伸产品或服务是什么。只有确定了产品或服务的主次后，才能很好地分配自身的人力资源、资金资源和渠道资源等。对于拥有多品种产品或服务的企业来说，前期不可能同时经营多个品种的产品或服务，因此企业必须明确重点，用最具竞争力的产品或服务巩固市场，稳固生产经营活动。当然，这是一个动态的过程，随着时间的推移，利润率和销售量都会有所不同，企业应该对经营的产品或服务进行合理的调整。

在处理好主营产品或服务和延伸产品或服务的关系，合理调配有限的资源，以使利润最大化方面，企业所能达到的最理想的状态就是使主营产品或服务和延伸产品或服务的销售互相促进。其实主营产品或服务与延伸产品或服务是可以互相转化的，影响转化的因素：一是市场培育程度，二是产品竞争力。处理主营产品或服务和延伸产品或服务的关系时，企业需要把握三个要点：首先，要明确延伸的目的，客观评价自身；其次，要选好延伸产品或服务，要根据自身优势，选择与主营产品或服务互补的产品或服务；最后，确立好主营产品或服务和延伸产品或服务的关系，要根据市场培育程度和产品或服务竞争力来定，在不影响主营产品或服务的情况下，积极向大客户推荐延伸产品或服务，使企业的延伸产品或服务也找到好的销路。

总之，企业不断更新产品或服务信息，不断满足大客户新的需求，是合作关系长久维系的不竭动力。这需要企业积极主动地全面掌握大客户的信息，结合大客户的实际需要，有针对性地提供新产品或服务。

关键点提示

企业为现有大客户提供新产品或服务的方法有以下六种：

1.延长产品或服务生命周期法；2.降低使用成本法；3.节约时间法；4.降低财务成本法；5.改变大客户观念法；6.产品或服务销售延伸法。

4.17　如何降低大客户销售有关费用

工作场景描述

当企业想降低大客户销售有关费用，进而提高企业利润时，可查看。

解读与分析

大客户销售过程中会产生许多费用，降低这些费用是提升企业利润的一个渠道。在降低大客户销售有关费用时，企业可以从以下三个方面着手。

1. 优化接触渠道

一般来说，企业是通过多种渠道与大客户接触并交易的，这样企业就有必要将各种渠道的成本与收益相匹配。经过优化的接触渠道组合应满足以下三点要求。

（1）满足覆盖率要求。满足覆盖率要求就是要使大客户能够方便地联系企业。

（2）有效消除大客户疑虑。渠道组合要能够及时消除大客户遇到的与产品或服务有关的疑虑。

（3）符合企业发展战略。企业战略目标是企业的最高目标，因此在优化与大客户的接触渠道时，要配合这一目标制订方案。

2. 确定实施的活动

大客户销售从总体上看是一个整体行为，它是可以进一步细分的，也就是说，它可以拆分为几个组成部分。例如，送货、安装和调试等活动就是大客户销售活动的组成部分。为了有效地发挥销售活动的作用，企业应对各种活动进行评估，开展大客户最需要的活动，使得销售活动取得最佳效果。企业确定一项必须实施的销售活动的步骤如下。

（1）列出各种面向大客户的销售活动。

（2）按照销售活动对大客户的重要程度对上述各种销售活动进行排序。

（3）按照大客户对各种销售活动的评分对其进行排序。

（4）建立二维坐标系，以纵轴表示评分，以横轴表示活动对大客户的重要程度。

（5）将各种活动标在二维坐标系中。

（6）确定评分以及活动对大客户重要程度的平均值，将坐标平面划分为四个区域，如下图所示。

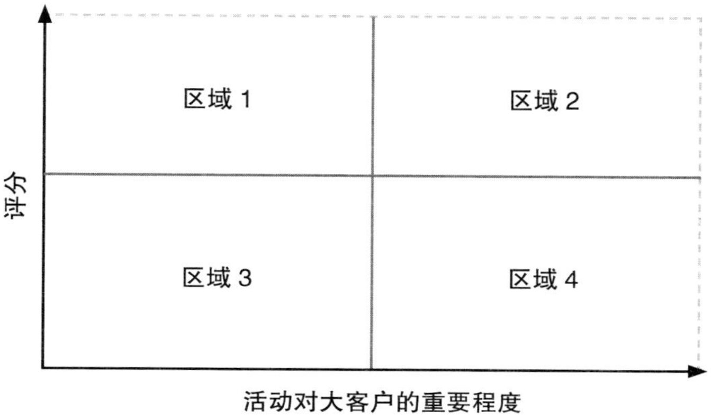

（7）落在区域4的是需要加强投入的活动，落在区域1的是可以减少投入的活动，落入区域2的是需要保持的活动，落在区域3的是已经确定的活动。

一般来讲，大客户销售人员数量不可能总是满足企业需求，企业的实际需求与员工数量之间往往存在差异。有时候，实际需求会高于员工数量，有时会低于员工数量。因此，企业应对销售情况有一个全面的预测，确定一个合适的员工数量水平，并在必要的时候抽调或外聘一部分人员，以帮助企业完成销售服务工作。

3. 确定实施人员的数量

确定实施人员的数量是指对大客户销售人员的数量进行安排。企业在大客户销售过程中会遇到各种突发事件，例如，有一个大客户突然决定进行大规模采购，面对这样的情况，企业安排多少大客户销售人员为其提供服务就值得进一步考虑了。

企业大客户销售人员数量的安排不仅关系到服务质量，而且与企业大客户销售成本息息相关。因此，对大客户销售人员的数量，企业要有一个长远的安排。

在大客户销售工作中，在一定程度上降低销售成本可以使企业获得更多的销售利润。这将涉及大客户销售工作的各个环节：从前期接触大客户到全面分析大客户，再到具体销售过程中的各个具体流程，如商务谈判、送货、安装以及售后服务等。这里主要分析了在相关环节中如何降低大客户销售成本的问题，以使企业在最佳成本状态下完成大客户销售工作。

关键点提示

企业降低大客户销售有关费用可以从以下三个方面着手：

1.优化接触渠道；2.确定实施的活动；3.确定实施人员的数量。

4.18　如何为大客户提供个性化的定价

工作场景描述

当企业想为大客户提供个性化的定价，提升企业利润时，可查看。

解读与分析

定价是非常重要的企业活动。随着竞争的日益激烈，大客户的选择范围更广泛了，定价问题对于企业来说变得更加重要。本节给出了面向大客户差别定价的策略。

1. 根据产品或服务用途的不同差别定价

同样的产品或服务对不同的客户会有完全不同的用途。例如，硫酸既可以用于汽车制造，又可以用于光学产品制造，但前者的使用量是后者的1 000倍。为同样的产品或服务制订不同的价格往往是存在困难的，但是通过提供个性化的产品或服务就能够使这种不可能变为可能。例如，航空公司成功推出了商务舱和经济舱，仅仅是因为一点点服务上的差异，本质相同的产品的定价就可以产生重大差异。

一家化学品公司发现，其产品在两个不同行业——汽车制造和相机制造业中具有截然不同的用途。相机制造业对其产品的质量要求高，但购买数量少。该化学品公司就利用这一特点推出了专门面向相机制造业的产品，只不过对包装等做了稍许调整，就在价格上高出普通产品70倍。

2. 根据与客户间关系的不同差别定价

一般来说，企业在首次交易时会提供较大幅度的优惠，尤其是在争取大客户时。企业一旦成功锁定大客户，就可以采取各种方式提高定价，获得利润。例如，房地产开发商会通过制定产品降价折扣方案吸引大客户，而在以后的合作项目中会逐步减少优惠，增加利润。著名的网景公司起初利用免费软件锁定了一些大客户，当大客户们熟悉操作流程并对产品产生依赖时，网景的赚钱机会就来了。

3. 整体定价策略

企业为大客户提供的可能不仅仅是一种产品或服务，而是多种产品或服务。即使提供一种产品或服务，产品或服务背后的相关服务也是多种多样的。这就是价格结构的本质含义。企业可以从短期以及长期利润对比的角度出发，做出最符合整体最优原则的定价策略。这样大客户关注的不再是一种产品或服务的具体价格，而是企业的整体利益。

定价策略一直是影响销售工作的重要因素，对大客户销售也不例外。企业与大客户的交易过程应尽量是一个双赢的过程，这样才能保证双方合作关系的持久性。对大客户来说，交易的个性化定价取决于很多因素，像购买产品或服务的差异，以及与大客户合作关系所处的不同阶段等，都是企业对大客户进行定价时所要考虑的因素。

关键点提示

企业面向大客户差别定价的策略有以下三点：

1.根据产品或服务用途的不同差别定价；2.根据与客户间关系的不同差别定价；3.整体定价策略。

4.19　如何认识大客户销售中的赊销

工作场景描述

当企业要了解大客户赊销的实质，并采取相应措施时，可查看。

解读与分析

不少企业的大客户欠款已占到大客户销售额的30%、40%甚至一半以上。更可怕的是，很多企业完全说不清这部分应收账款何时能够收回。应收账款产生于赊销的销售方式，因此，企业有必要了解一下大客户销售中赊销这一销售方式。

1. 赊销的好处

在大客户销售中采取赊销方式能够带来以下好处。

（1）开发更多的大客户。相对来说，在赊销方式下，大客户风险更小，更容易促成合作。

（2）促成长期合作。赊销方式常常能使交易继续下去。很多情况下，赊销是一个销售谈判条件。

（3）增进销售。赊销能提高大客户的平均购买数额。赊销时大客户愿意多买。

（4）能增加大客户对大客户销售人员和产品或服务的信赖感。

（5）赊销的交易价格比现款交易价格高。

不催收欠款并不能留住大客户，大客户所欠货款越多，支付越困难，越容易转向他方（第三方）购买，所以一旦遇到这种情况，企业加紧催收才是上策。

2. 赊销的弊端

大客户销售中采取赊销方式的弊端有以下几点。

（1）费用支出增加。利息、追款费用、税金和账款管理成本等费用都是由赊销带来的。

（2）周转不良。应收账款使得产品或服务转化为现金的时间拉长，使企业有增加不良资产的可能。应收账款的产生，使相关资金停止参与循环，这对企业造成的危害就如同血液停止循环会产生生命危险一样。

（3）会产生呆账、坏账。不是所有的账款都能收回来，因此赊销有产生呆账、坏账的风险。

（4）形成恶性循环。企业有可能受不良大客户和已发生账款的牵制。要账不是，不要账也不是，企业还不能停止供货，结果是应收账款越积越多，企业越陷越深，形成恶性循环，难以自拔。

3. 赊销的实质

赊销的实质其实是企业向大客户提供的一种商业信用贷款，目的是通过延期偿付的方式来刺激销售。作为一种投资，如果控制得好（呆账损失、账款管理费用支出小于销售额扩大带来的额外收益），就可以为企业增加销售额，提升竞争力，增加利润。如果管理不当，就会陷入泥潭，失去竞争力，很可能一分钱的账款要以10倍、20倍的销售额来弥补。业务员在催讨欠款时有良好的心态将事半功倍，主要应做到以下几点。

（1）不要懦弱，也不要感到不忍心，碍于情面。

（2）越能及时提醒大客户就能越早收回账款，大客户从来都不会因被提醒付款而不满。

（3）大客户尊重做事专业且严谨的业务员，因此在账款问题上的妥协不可能换来人情，也不可能换来大客户对业务员的尊重。

4. 企业要权衡利弊

现代市场经济是风险经济，大客户销售成功并不等于经营成功。成功的经营是将产品或服务转变成现金，而不是将产品或服务转变成债权。一旦应收账款成为呆账、坏账，就会使企业背上沉重的负担。企业要牢记：企业要的是利润。

赊销是一种投资，投资管理要达到的目的，就是使“利”最大化、“弊”最小化。账款管理的目的就是要使应收账款余额最小，同时使呆账、坏账损失最小，产品或服务转化为现金的时间最短。

总之，在企业的经营过程中，赊销行为是不可避免的，企业必须认清赊销的实质，权衡利弊，针对不同的大客户，就是否赊销、赊销多少做出决定。决定的正确与否将直接影响企业盈利与否。

关键点提示

企业应从以下四个方面认识大客户销售中的赊销：

1.赊销的好处；2.赊销的弊端；3.赊销的实质；4.企业要权衡利弊。

4.20　如何预防赊销风险

工作场景描述

当企业需要预防大客户赊销带来的风险时，可查看。

解读与分析

大客户销售过程中赊销常常是不可避免的，因此企业要面临由赊销带来的一系列风险。面对这种风险，企业不能坐以待毙，而应主动出击，找到最佳的解决途径。以下汇总了企业预防赊销风险的一般原则。

1. 仔细调查大客户的信用

无论新老大客户，企业都必须对其进行全方位的信用调查。调查的范围大致可以分为可靠度调查、可信度调查以及调阅该大客户以往与本企业交易的历史记录等。

2. 签订严密的合同

销售合同具有法律效力，一份严密的合同将为企业减轻追款成本奠定基础。签订合同有如下几个要点。

（1）合同最好由本企业起草并执行统一的合同文本。如果大客户要求执行他们的合同文本，那么双方就要坐下来进行商务谈判了。

（2）合同的要素必须齐全，如数量、单价和金额等要逐一对应，换算一致，且保证计量单位明确、无异议。

（3）延期付款的金额既要有大写，又要有小写。

（4）放账的期限要写清天数。

（5）必须付款的日期写明某年某月某日，而不是用含糊的“几月份”“春节前”等字眼。

（6）对超期付款的处罚应规定超期一天赔付违约金多少，并声明其他免责规定。

（7）明确对方经手人签字的有效性，并加盖公章。

3. 要求大客户承认赊销

签订赊销协议只能证明双方有这种合作意向，并不能证明对方实际产生了欠款。能证明欠款发生的凭证不是企业的出库单，而是大客户的收货、验收回执。

（1）在拿到大客户回执之前，可书面咨询对方当事人是否收到货，并要求对方书面确认。

（2）企业可以追查货运公司，直到拿到对方欠账的证据。

缺乏财务知识的大客户销售人员只知催企业发货，对于货发给了谁，由谁签收，签收凭证是否妥善保存于本企业等事宜不再追踪。这种现象将给企业带来潜在风险，企业应该坚决杜绝这种情况的发生。

4. 过程控制专人负责

造成应收账款无法追回的另一原因是赊销前后从头到尾无人监管。只要存在赊销，账款管理员就要到位，这一角色可以由大客户经理兼任。账款管理员的职责如下。

（1）审核信用审批与合同是否前后矛盾。

（2）提醒业务员信用即将到期，提前通知大客户备款。

（3）一旦发现信用超期，立即通知仓储部门拒绝发货，并督促业务员催要货款。

（4）定期向上级和财务经理通报应收账款情况。

有的欠账是因产品质量问题或交货延期造成的，账款管理员要分清情况，区别对待，如实向领导上报。当然也有一些应收账款是双方对账不清楚造成的，为避免这种情况发生，财务部门可每月为信用大客户提供对账单，要求大客户确认，确保账款和货款清晰。

5. 监控环环相扣

企业规避赊销风险时要建立一套完善的作业流程，流程如下。

（1）审批。大客户销售人员填制大客户信用审批表，写清大客户资料、信用额度、信用期间和申请原因，请主管部门审批。

（2）大客户销售人员按照审批范围与大客户签订合同。

（3）账款管理员核实合同与信用审批是否相符，约定是否严谨，然后加盖企业印鉴，通知仓储部门发货。

（4）账款管理员督促大客户销售人员让大客户在送货单上盖章，并让授权人签字，以表示认可这笔账款。

（5）信用到期前三天账款管理员提醒大客户销售人员通知对方履约。

（6）信用到期时账款管理员核实对方是否全额付款，若对方未付或部分付款，大客户销售人员立即开始催要。

（7）信用到期超过一定期限时，账款管理员应确保企业管理层得知此情况，并确定讨债的具体办法。

6. 奖罚分明

放账容易收款难。如果放账时不考核，大客户销售人员只求销量，不管资金回笼，那么，大客户销售人员拿走的是奖金提成，留下的是呆账、坏账。所以企业要制订相关的奖罚规定：对收取预付款的大客户销售人员予以重奖；对于按时收回货款者，以奖金、提成等形式兑现奖励；对于逾期不能收回款项者，暂缓兑现奖金提成或令其支付一定比例的利息；对违规操作者予以重罚。

总之，企业要正确对待赊销，通过事前评定大客户信用，签订严谨的合同，制订完善的监管制度，严格进行放账考核等手段，有效地防止呆账、坏账的产生，达到趋利避害的目的。

关键点提示

企业应从以下六个方面预防赊销风险：

1.仔细调查大客户的信用；2.签订严密的合同；3.要求大客户承认赊销；4.过程控制专人负责；5.监控环环相扣；6.奖罚分明。